ビミョウな違いがイラストでわかる!

英単語類義語事典

佐藤誠司

西東社

はじめに

英語と日本語は、必ずしも 1 対 1 で対応するわけではありません。とくに動詞や形容詞は、 1 つの日本語に対応する英単語がいくつもあり、状況や伝えたい意味に応じてどれかを選ぶ必要があります。

例えば、日本語の「示す」という意味ですと、これを表す一般的な動詞は show になります。でも、同じ「示す」でも、さまざまな英単語で表現することができるのです。ちょっと一例を見てみましょう。

「示す」を表す一般的な「show」に対して、demonstrate は「実際にやって見せる」というニュアンス、point は「指し示す」というニュアンスをもっているのです。

この本では、こういった似た意味をもつ英単語の微妙な違いを、イラストでわかりやすく説明しています。具体的な状況に合わせて、適切な単語を選び取る力が、「英語感覚」を養う上では非常に大切です。英語の意味の使い分けを知り、英語感覚を養うことができれば、あなたの英語表現の幅はぐっと広がるはずです。

本書では、例文は、実際の会話などで使う可能性の高いものを紹介するようにしています。ところどころに入っている語源の情報や、コラム記事も参考にしていただけると、より英語の知識が広がるのではないかと思います。

なお、この本では、おもに使い分けのまぎらわしい、ほかの単語、語句との違いに焦点を当てていますので、1つの単語のすべての意味や使い方を説明しているわけではありません。イラストについても、その項目におけるその単語の意味合いを示したものにしています。

個々の単語に関するすべての意味を学ぶことも英語を学ぶ上で非常に大切ですが、その別の観点として、「ニュアンスの違う単語をどう使い分けるか」を、この本で学んでいただければと思います。

2020 年 4 月
佐藤 誠司

CONTENTS

本書の見方 ……………… 10

Part 1 話すとき・考えるときによく使う表現 11

001	話す、言う	talk / say / speak / tell / mention / chat / put / consult	12
002	求める	ask for / beg / request / demand / insist / require / claim	14
003	同意する、賛成する	agree / approve / consent / be in favor of	16
004	反対する	disagree / object / oppose / be against	17
005	示す	show / demonstrate / point / display / designate / represent / express / indicate / suggest	18
006	説明する	explain / describe / account for / outline / summarize / illustrate	20
007	決める	decide / determine / fix / settle	22
008	許す	allow / permit / forgive	23
009	従う	follow / obey / observe / yield	24
010	選ぶ	choose / pick / select / elect	25
011	教える	teach / lecture / instruct / tutor / educate / train / show / tell	26
012	答える、応える	answer / reply / respond	28
013	説得する、うながす	persuade / convince / urge	29
014	断る	refuse / reject / decline	30
015	疑う	doubt / suspect / question / wonder	31
016	〜したい	want to do / would like to do / hope to do / would rather do / feel like 〜 ing / be inclined to do / be eager to do	32
017	〜するつもりだ	will do / be going to do / plan to do / intend to do / be thinking of 〜 ing / be determined to do	34
018	思う	think / suppose / feel / believe / hope / be afraid / imagine / dream / expect	36
019	考える	think of / regard / consider / contemplate / weigh / reflect / meditate	38
020	推測する	guess / infer / assume	40
021	〜らしい	seem / appear / look / sound	41
022	学ぶ	study / learn / specialize	42
023	問題	problem / matter / issue	43
024	調べる	check / examine / inspect / test / survey / explore / look up / look into	44
025	わかる	understand / see / follow / grasp / realize / learn / find / prove	46
026	議論する	discuss / debate / dispute / argue	48
027	意見	opinion / view / comment / feedback	49
028	意味	meaning / sense / implication / significance	50
029	方法、方策	way / means / measure / method	51
030	主張する	insist / assert / argue / allege / persist / maintain / complain / claim / advocate	52

031	評価する	evaluate / rate / value / estimate / appraise / appreciate / assess / judge / admire	54
032	非難する、責める	blame / attack / reproach / condemn / criticize / accuse / charge / tell off / scold	56
033	認める	admit / accept / recognize / confess / approve / authorize	58
034	すばらしい	great / wonderful / excellent / admirable / fantastic / amazing / incredible / remarkable / exceptional	60
035	むずかしい	difficult / hard / tough / challenging	62
036	発表する	announce / present / release / publish	63
	使い分けたい！会話フレーズ 1		64

Part 2 感情・感覚をあらわすときの表現 65

037	見る	look / see / watch / stare / gaze / observe / monitor / glare / glance / peer / peep / witness	66
038	おいしい	good / delicious / tasty / yummy	69
039	気づく	notice / sense / be aware / be conscious	70
040	泣く	cry / weep / sob / burst into tears	71
041	笑う	laugh / smile / grin / giggle	72
042	思い出す	remember / recall / recollect / be reminded of	73
043	叫ぶ	shout / scream / exclaim / yell	74
044	恥ずかしい、内気な	ashamed / embarrassed / shy / reserved	75
045	喜んで、満足して	happy / delighted / glad / pleased / satisfied / content / excited / thrilled / ecstatic	76
046	おもしろい	interesting / pleasant / exciting / funny	78
047	怒って	angry / furious / annoyed / offended	79
048	いやな	unpleasant / offensive / nasty / disgusting	80
049	驚いて	surprised / amazed / astonished / shocked	81
050	疲れて	tired / exhausted / worn out / weary	82
051	嫌う	dislike / hate / despise	83
052	好む	like / love / prefer / be fond of	84
053	孤独な、寂しい	alone / lonely / solitary / deserted	85
054	怖がる	afraid / scared / frightened / horrified / terrified	86
055	不安に思う	worried / anxious / uneasy / nervous / concerned	88
056	頼る、当てにする	depend on / rely on / count on / fall back on / turn to	90
057	熱心な、熱中して	earnest / hardworking / eager / passionate / be crazy about / be absorbed in / be addicted to / be enthusiastic about / be devoted to	92
058	健康な	fine / well / healthy / fit	94
059	心	heart / mind / soul / spirit	95
	使い分けたい！会話フレーズ 2		96

060	打つ、当たる	strike / hit / slap / pat / punch / tap / beat / bang / bump	98
061	作る	make / produce / manufacture / create / generate / build / establish / draw up	100
062	切る	cut / chop / slice / dice / mince / saw / slash / mow	102
063	焼く	burn / roast / bake / grill / barbecue / toast / tan	104
064	直す	repair / restore / fix / renovate / refurbish / remodel / mend / correct / straighten	106
065	行く	go / come / visit / call on	108
066	出発する	start / leave / depart / set out	109
067	着く	arrive / get to / reach	110
068	乗る	get on / ride / board / take	111
069	こわれる、こわす	break / smash / shatter / crush / crack / burst / tear / ruin / break down / wreck / collapse / demolish / destroy	112
070	耐える	bear / endure / put up with	115
071	奪う、盗む	steal / rob / deprive	116
072	もらう	get / receive / accept	117
073	与える	give / present / award / grant / offer / provide / donate	118
074	得る、手に入れる	get / take / gain / obtain / earn / secure / acquire / master	120
075	見つける	find / find out / discover / detect / catch / spot / locate / come across	122
076	探す	look for / search / seek	124
077	追いかける	follow / chase / pursue / track	125
078	逃げる、避ける	escape / run away / flee / take shelter / be evacuated / avoid / evade / keep away	126
079	つかむ、捕らえる	hold / grip / grab / clutch / pick up / catch / capture / trap / arrest	128
080	飲む	drink / have / take / sip / gulp / slurp / suck / swallow	130
081	食べる	eat / have / feed	132
082	料理する	cook / make / fix	133
083	道具、器具	tool / instrument / appliance / apparatus / implement / device / gadget / utensil / equipment	134
084	運ぶ	carry / transport / deliver	136
085	引く	pull / draw / haul / drag	137
086	仕事、職業	work / job / labor / task / position / profession / vocation / career / business	138
087	扱う、処理する	handle / treat / operate / manipulate / manage / deal with / cope with	140
088	使う	use / make use of / spend / waste / exhaust	142
089	持つ	have / hold / own / keep	144
090	取り除く、消す	remove / delete / omit	145
091	捨てる	throw away / get rid of / dispose of / dump	146

092 妨げる	prevent / block / disturb / interrupt	147
093 守る	protect / defend / preserve / guard / shield / save / safeguard	148
094 維持する	keep / maintain / retain / sustain	150
095 助ける	help / save / aid / assist	151
096 やめる	stop / quit / give up / resign / cancel / break off / suspend	152
097 育てる	raise / bring up / breed / grow	154
098 習慣	custom / habit / practice / convention	155
099 付き合う	go out / keep company / socialize / associate	156
100 会う	meet / see / come across	157
101 別れる	leave / break up / divorce / separate	158
102 起こる	happen / occur / break out / arise	159
103 集まる、集める	gather / get together / assemble / crowd / collect / raise / focus / accumulate	160
104 貸す	lend / rent / lease / loan	162
105 借りる	borrow / rent / hire / charter	163
106 受ける	take / have / suffer / undergo	164
107 〜させる	make / let / have / get	165
108 禁じる	forbid / prohibit / ban	166
109 勝つ	win / beat / overcome / conquer	167
110 運動、動き	exercise / motion / movement / campaign	168
111 行動	act / action / activity / behavior	169
112 行う	do / carry out / execute	170
113 痛める、損なう	strain / sprain / break / impair	171
114 傷つける	hurt / injure / wound / damage / harm	172
115 達成する	achieve / attain / realize	174
116 案内する	show / guide / take / lead	175
使い分けたい! 会話フレーズ ❸		176

Part 4 状態・変化をあらわす表現 117

117 変わる、変える	change / turn / shift / alter / exchange / transform / modify / revise / replace / reform / convert / restructure / renew	178
118 跳ぶ	jump / spring / leap / hop	181
119 結合する	connect / attach / combine / join / stick / glue / tie / bind / fasten / merge / unite / associate	182
120 すべる	slide / slip / skid / glide	185
121 分ける	divide / separate / split / share / distribute / classify / part	186
122 伸ばす、延ばす	extend / stretch / lengthen / prolong / postpone	188
123 広げる、広がる	spread / expand / widen / unfold	190
124 似ている	resemble / similar / take after	191

125	速い、早い	fast / quick / prompt / hasty / early / immediate / soon / rapid	192
126	汚い	dirty / filthy / muddy / dusty / foul / polluted / untidy / unfair	194
127	きれいな	clean / clear / pure / sanitary	196
128	結果	result / consequence / effect / outcome	197
129	前の	last / former / previous	198
130	続く、続ける	continue / last / keep（on）/ go on	199
131	上がる、上げる	go up / rise / climb / raise / lift（up）/ pick up / elevate / escalate / soar	200
132	下がる、下げる	go down / fall / drop / lower / decline / dip / plunge	202
133	増える、増やす	increase / grow / rise / gain / build up / double / multiply / add to	204
134	減る、減らす	decrease / dwindle / diminish / shrink / reduce / cut / slash / downsize / trim	206
	使い分けたい! 会話フレーズ ④		208

Part 5 性格・性質などをあらわす表現 ⑳⑨

135	太った	fat / obese / plump / stout	210
136	やせた	thin / slim / lean / skinny	211
137	性格	personality / nature / character / quality	212
138	親切な、優しい	kind / gentle / tender / generous	213
139	厳しい	strict / severe / stern / rigid / harsh	214
140	強い、激しい	strong / tough / powerful / hard / intense / sharp / fierce / violent / heavy	216
141	広い	wide / broad / large / spacious / open / vast / extensive	218
142	固い、堅い	hard / tough / crisp / firm / stiff / solid / tight	220
143	賢い、利口な	wise / intelligent / clever / bright	222
144	正しい	correct / accurate / precise / exact	223
145	悪い	bad / evil / ill / mean / inferior	224
146	間違った	wrong / false / mistaken	226
147	十分な	enough / adequate / ample	227
148	穏やかな	calm / mild / gentle / peaceful / moderate / modest	228
149	静かな	silent / quiet / still	230
150	確かな	sure / certain / confident / definite	231
151	明らかな	clear / obvious / evident / apparent / plain	232
152	あいまいな	unclear / vague / obscure / ambiguous	234
153	本当の、本物の	true / real / genuine / actual	235
154	有名な	famous / well-known / popular / celebrated / renowned / distinguished / eminent / legendary / notorious	236
155	重要な、必要な	important / significant / serious / decisive / key / crucial / necessary / essential / vital	238
156	大切な、貴重な	dear / precious / valuable / priceless	240

157	含む	contain / include / involve / imply	241
158	普通の	ordinary / common / usual / normal / general / average / standard / typical	242
159	特別な、珍しい	special / particular / specific / extra / rare / unique / characteristic	244
160	変わった	mysterious / strange / odd / abnormal / exceptional	246
161	上品な、豪華な	elegant / gorgeous / magnificent / grand / spectacular / imposing / luxurious	248
162	美しい、かわいい	beautiful / lovely / pretty / cute / exquisite / picturesque	250
163	かっこいい	handsome / smart / cool / fashionable / trendy	252
164	魅力的な	attractive / charming / fascinating / impressive / stunning	254
	使い分けたい! 会話フレーズ ⑤		256

⚖ Part 6 比較・関係などをあらわす表現 ⟨257⟩

165	逆の、反対の	opposite / reverse / the other / contrary / contradictory	258
166	合う、一致する	suit / fit / match / correspond / harmonize / coincide / go（well）with	260
167	適した	good / right / suitable / proper / appropriate / fit / perfect / timely	262
168	よい、優れた	good / nice / fine / superior	264
169	最高の	top / maximum / supreme / utmost	265
170	最後に、結局	at last / after all / finally / in the end / in the long run / ultimately	266
171	たくさん（の）	many / plenty of / multiple / much / rich / large	268
172	少し（の）	a little / little / a few / few / slightly / somewhat	270
173	大きい	big / large / great / huge / enormous / tremendous / immense / major	272
174	小さい	small / little / tiny / fine / microscopic / low / trivial / minor	274
175	まったく、完全に	quite / absolutely / completely / fully / perfectly / entirely	276
176	とても	very / extremely / badly / highly	278
177	ほとんど	almost / nearly / most / practically	279
178	おもな	main / chief / principal / leading	280
179	地位、階級	position / post / status / rank	281
180	かなり、多少	fairly / rather / pretty / significantly	282

| さくいん | 283 |

なるほど！

本書の見方

　本書は、同じように訳される英単語・語句のニュアンスの違いを、解説とイラストによって理解するための本です。

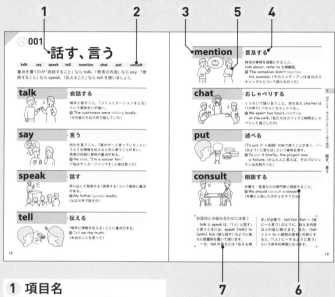

1 項目名

掲載されている単語・語句が一般的に訳される日本語。

2 見出し語一覧

掲載されている単語・語句の一覧。

3 見出し語

同じような日本語で訳される単語・語句。全部で約 1,000 個を掲載。

4 見出し語の意味（ニュアンス）

そのほかの類義語と区別される、おもな意味合い。

5 イラスト

それぞれの見出し語のニュアンスを比較できるイラスト。

6 例文

見出し語が実際に使われる例文とその和訳。

7 コラム

各項目に関連した豆知識や補足情報。

Part 1

話すとき・
考えるときに
よく使う表現

001

話す、言う

talk　say　speak　tell　mention　chat　put　consult

重点を置くのが「会話すること」なら talk、「発言の内容」なら say、「発信すること」なら speak、「伝えること」なら tell を使いましょう。

---

talk ▶ 会話する

相手と話すこと。「コミュニケーションをとる」という意味合いが強い。
例 The customers were talking loudly.
（その客たちは大声で話していた）

---

say ▶ 言う

何かを言うこと。「誰かが〜と言っていた」というような情報を伝えるときに使うことが多い。発言の内容に意味の重点がある。
例 He said, "I'm a soccer fan."
（「私はサッカーファンです」と彼は言った）

---

speak ▶ 話す

声に出して発信する（発言する）という意味に重点がある。
例 My father speaks loudly.
（父は大声で話すの）

---

tell ▶ 伝える

「相手に情報を伝える」ことに重点がある。
例 Tell me the truth.
（本当のことを言って）

mention ▶ 言及する

特定の事柄を話題にすること。
talk about, refer to も類義語。
例 The comedian didn't mention his scandal. (そのコメディアンは自分のスキャンダルについて語らなかった)

chat ▶ おしゃべりする

くつろいで語り合うこと。形の似た chatter は「(大声で) ぺちゃくちゃしゃべる」。
例 We spent two hours chatting at the café. (私たちはカフェで2時間おしゃべりして過ごしたの)

put ▶ 述べる

〈To put it ＋副詞〉の形で使うことが多く、「～(のよう) に言えば」という意味を表す。
例 To put it briefly, the project was a failure. (かんたんに言えば、そのプロジェクトは失敗だった)

consult ▶ 相談する

弁護士・医者などの専門家に相談すること。
例 We should consult a lawyer.
(弁護士と話した方がよさそうだね)

前置詞との組み合わせに注意！

talk と speak は、「(人) と話す」と言うときには、speak [talk] to [with] him (彼と話す) のように後ろに前置詞を置いて使います。

一方、tell の後ろには「伝える相手」が必要で、tell him that ～ (彼に～と言う) のように、伝える内容は人の後に続けます。また、〈tell ＋人＋ to ＋動詞の原形〉の形にすると、「(人) に～するように言う」という命令の表現になります。

 **002**

求める

| ask for | beg | request | demand | insist | require | claim |

ask for は口語的で、ちょっとした依頼や注文にも使う表現です。demand や insist などは「(強く) 要求する」というニュアンスをもちますが、要求する内容などに応じて、単語を使い分けられるようになりましょう。

ask for 求める

ほしいものを (相手に) 求めること。
例 The customer asked for a discount.
(客は値引きを求めた)

beg 懇願する

強く頼みこんで求めること。
plead, ask も類義語。
例 She begged him to stay longer.
(もっと長くいてほしいと彼女は彼に懇願した)

request 正式に求める

ていねいに求めること。
ask for よりもフォーマルな表現。
例 They requested permission to use the facility.
(彼らはその施設の使用許可を求めた)

demand

要求する

相手に特定の行動などを求めること。
request や require よりも、少し高圧的なニュアンス。
例 The union demanded the CEO's resignation.
（組合は CEO の辞任を要求した）

insist

強く求める

「どうしても〜してほしい」と言い張ること。
語源で見ると、in「上」+ sist「立つ」となる。
例 I'll come, if you insist.
（どうしてもとおっしゃるなら、うかがいます）

require

（規則などで）要求する

規則などに基づき、特定の行動などを求めること。
例 You are required by law to carry your passport.
（パスポートの携帯が法により求められる）

claim

（当然の権利として）要求する、主張する

当然の権利として（強く）求めること。
カタカナ言葉の「クレーム」とは、違うニュアンスのため注意。
例 Consumers must fill out this form before they can claim the online coupon.
（オンラインクーポンを利用するには、この申し込みフォームに記入しなくてはなりません）

同意する、賛成する

| agree | approve | consent | be in favor of |

agree が最もよく使う単語です。agree, approve, consent の3語は、後ろに置く前置詞の違いに注意が必要です。

agree　賛成する

人（の考えなど）と同じ意見をもつこと。
例 I agree with you.（あなたに賛成です）
例 We can't agree to your request.
（あなたの要望には応じられません）

approve　賛同する

人や物事に好意的な意見をもったうえで、賛成・同意すること。
例 My parents might not approve of our marriage.
（両親は私たちの結婚に賛成しないかも）

consent　同意する

要望などに対して許可を与えたり賛成したりすること。しぶしぶ同意するといった場合にも使う。
例 My parents won't consent to me becoming a musician.（両親は私がミュージシャンになることに同意しないでしょうね）

be in favor of　〜に賛成している

計画や人の考えなどを支持していること。
be for も同様の意味を表す。
例 I'm in favor of the second plan.
（第2案に賛成です）

反対する

object と oppose はよく使われる動詞ですが、oppose の方が反対する度合いが強め。この 2 語については前置詞の有無にも注意しましょう。

disagree 賛成しない

agree の反意語で、意見が合わないこと。
disapprove も類義語。
例 I disagree with the author's opinion.
（私は著者の意見に反対です）

object 反対する

計画などに異議を申し立てたりすること。
〈＋ to〉の形で使う。
例 The residents object to constructing the highway.
（住民は幹線道路の建設に反対している）

oppose 反抗する

object より意味が強く、対抗して阻止しようとする場合などに使う。
例 People who opposed the bill held a huge demonstration.
（法案に反対する人々は大規模なデモを行った）

be against 〜に反対している

計画や人の考えなどを支持していないという立場を示す表現。
be opposed to も同様の意味。
例 They are against gun control.
（彼らは銃の規制に反対している）

1 話すとき・考えるときによく使う表現 同意する、賛成する／反対する

17

示す

show	demonstrate	point	display	designate
represent	express	indicate		suggest

「示す」は、たいていは show で表せます。それぞれの動詞のニュアンスの違いを知っておくと、英語を読んだり聞いたりする際に役立ちます。

show　見せる、示す

「見せる、示す」の意味を表す一般的な単語。
例 Show me your passport, please.
（パスポートを見せてください）

demonstrate　明示する、実演する

実際にやって見せたり、客観的な証拠を挙げて事実などをはっきり示すこと。
例 This is the way I demonstrate my love to you.
（これが僕の、君に対する愛情の示し方だよ）

point　指し示す

指でさして示すこと。
例 He pointed at a girl in the picture.
（彼は絵の中の少女を指さした）

display　展示する

見えやすい場所に置いて人々に見せること。
exhibit も同様の意味。
例 The museum displays local artists' works.
（その美術館は地元の画家の作品を展示している）

designate 指示する、明示する

印などが物や場所を示すこと。
例 The red dots on the map designate
lavatories.
（地図上の赤い点はトイレを示しているよ）

represent 表す

記号や言葉などが、何かを意味すること。
フォーマルな表現。
例 This mark represents the Earth.
（この印は地球を表しているの）

express 表現する

感情などを言葉で表すこと。
語源で見ると、ex「外へ」＋ press「押す」となる。
例 I have no words to express my thanks.
（何とお礼を申し上げればよいかわかりません）

indicate （直接的に）示す

存在や徴候を直接的に示すこと。
例 This graph indicates that many elderly
people are interested in art.
（このグラフは多くの高齢者が芸術に関心をもっ
ていることを示している）

suggest 示唆する

間接的に述べたり暗示したりすること。
imply も類義語。
例 The report suggests that the negotiation
will be tough.
（報告は交渉が難航しそうだと暗示している）

006

説明する

| explain | describe | account for | outline | summarize | illustrate |

explain が「説明する」を意味する基本語です。outline は「骨組みを述べる」、summarize は「短くまとめる」というイメージです。説明のしかたに応じて、それぞれの動詞を使い分けましょう。

explain ▶ 説明する

不明な点を明らかにすること。説明する相手を示すときは、explain me the meaning ではなく explain the meaning to me のようになる点に注意。

例 Can you explain the meaning of this sentence?

（この文の意味を説明してくれませんか？）

describe ▶ 描写する

人やモノの特徴や状況を、くわしく説明すること。portray, depict も同様の意味。

例 I was asked to describe how the accident happened.

（私はその事故がどのようにして起きたか説明するよう求められた）

account for ▶ （理由を）説明する

筋の通った説明をすること。何かの理由を説明するときに使う。

accountability は「説明責任」の意味。

例 You have to account for your wild behavior.

（君は自分の乱暴な行為の説明をしなければならないよ）

outline 略述する

事柄などの概略を述べること。
例 Let me outline this project.
（この事業の概略を述べさせてください）

summarize 要約する

詳細を省いて、おもな情報だけをまとめること。
sum up も類義語。
例 Let me summarize today's discussion.
（今日の話し合いを要約します）

illustrate 例証する

例や図で説明すること。
語源で見ると、il「上に」＋ lust「光（を当てる）」
となる。
例 He illustrated the theory by giving some
examples.
（彼はその理論をいくつかの例を挙げて説明した）

-ize は「～化する」の意味

　summarize は summary（要約）
の動詞形です。このように、名詞
や形容詞の後ろに -ize を加えて、
「～化する」という意味の動詞を作
ることができます。例えば realize
は「real（現実）化する→実現す

る」、Americanize は「アメリカ化
する」です。また、これらの動詞
からは、-zation で終わる名詞が
できます。例えば、global（全世
界の）→ globalize（国際化する）
→ globalization（国際化）のよう
になります。

 007

決める

| decide | determine | fix | settle |

decide や determine は「判断を下すこと」を意味します。fix や settle
は「固める」というニュアンスをもっています。

---

decide 決める、決心する

選択肢のうちから1つを選んで決めること。
make up one's mind, resolve なども類義語。
例 I've decided to buy a new car.
（新しい車を買うことに決めたわ）

---

determine 決意する

固く決心して気持ちを変えないこと。
フォーマルな単語。
例 She determined to become a journalist.
（彼女はジャーナリストになろうと決めたんだ）

---

fix （日時などを）確定する

日時や場所などを1つに決めること。
例 We haven't fixed the date of the next
　 meeting.
（私たちは次の会合の日取りをまだ決めていない）

---

settle （悩んだ末に）決定する

値段・条件・日時などを、悩んだ末に確定すること。
「不安定な状態を落ち着かせる」というニュアン
スがある。
例 Have you settled on your major?
（専攻科目は決めた？）

許す

| allow | permit | forgive |

allow は「許容する、大目に見る」、permit は、「積極的に許可を与える」、forgive は「過ちなどを許す」という意味です。allow と permit は〈＋人 ＋ to do〉の形、forgive は〈＋人＋ for ＋理由〉の形で使います。

allow   許す

人の行動などを禁止せず許容すること。
例 The manager allowed him to take a two-week vacation.
（部長は彼が２週間の休暇を取るのを許した）

permit   許可を与える

allow よりもフォーマルな単語で、「公に許可を与える」の意味で使うことが多い。
例 Taking pictures is not permitted in this building.
（この建物内では写真撮影は許可されていません）

forgive   許容する

過ちや非礼などを（怒りを静めて）許すこと。
例 I can't forgive him for what he did.
（彼のしたことは許せないよ）

従う

follow	obey	observe	yield

日本語の「従う」には「（人と）一緒に行く」「（人などに）服従する」「（規則などを）守る」などの意味があり、follow はそのすべてに使える単語です。

follow 従う

後に続くという意味。
「従う」の意味で幅広く使える単語。
例 Follow me.（私について来て）

obey 服従する

人や命令などに従うこと。
語源で見ると、ob「〜へ」＋ ey「聞く」となる。
例 Obey your parents.
（両親の言いつけを守りなさい）

observe 遵守する

規則などに忠実に従うこと。
類義語の comply はよりフォーマルな単語。
例 Students must observe school rules.
（生徒は校則を守らねばならない）

yield 屈服する

相手の力に屈して不本意ながら従うこと。
類義語の give in も同様の意味。
例 We will not yield to terrorism.
（私たちはテロには屈しない）

選ぶ

| choose | pick | select | elect |

「選ぶ」という意味の最も一般的な動詞は choose。数ある中から「気軽に選ぶ」場合は pick を、「よく考えて選ぶ」場合は select を使います。

choose

選ぶ

2つ以上のうちから選ぶこと。
例 You can choose fish or meat for today's lunch.
（本日のランチは、お魚かお肉をお選びいただけます）

pick

選び取る

3つ以上のうちから選ぶこと。
choose よりくだけた響きの単語で、気軽な選択に使うことが多い。
例 Please pick a card.
（カードを1枚選んでください）

select

厳選する

3つ以上のうちから、よく考えて一番よいものを選ぶこと。ややフォーマルな単語。
例 The product's name was selected from over 100 suggestions.
（100 を超える案から、その製品名が選ばれた）

elect

選出する

議員や首長などを、選挙によって選ぶこと。
例 The youngest candidate was elected mayor.
（最も若い候補者が市長に当選した）

教える

teach　lecture　instruct　tutor　educate　train　show　tell

show と tell 以外は「教授する、指導する」という意味の動詞です。教える内容や状況などによって、動詞を使い分けましょう。

teach

（知識を）教える

勉強や技能などの知識を与えること。
例 My father taught me how to fish.
（父が釣り方を教えてくれたんだ）

lecture

講義する

大学などで講義を行うこと。
「説教する」の意味でも使う。
例 The writer lectures on literature
　at college.
（その作家は大学で文学の講義をしている）

instruct

教授する、指導する

実用的な技能などを体系的に教えること。
名詞の instructions は、製品などの「使用説明書」
という意味。
例 He instructed us how to use the device.
（彼はその装置の使い方を私たちに指導した）

tutor

個人指導をする

（本人から直接対価を得て）1 人または少数の相
手に教えること。
例 Tutoring a high school student is
　a good-paying job.
（高校生の家庭教師は割のいい仕事だ）

educate

教育する

教育機関で専門知識などを教えること。
長期間にわたって教育するというイメージ。
例 She married a highly educated man.
（彼女は高学歴の男性と結婚した）

train

訓練する

仕事のための技能などを訓練によって習得させる
（覚えこませる）こと。犬などの動物に対しても
使う。
例 He was trained as a nurse.
（彼は看護師としての訓練を受けた）

show

（見せて）教える

実演など、何かを見せて教えること。
例 Could you show me the way to the
station?
（駅へ行く道を教えていただけますか？）

tell

情報

（情報を）教える

名前や道順などのかんたんな情報を、口頭で教え
ること。
例 Could you tell me your name, please?
（お名前を教えてもらえますか？）

会話でよく使う！　let ~ know

「教える」の表現には let ~ know
もあります。例えば「新しいメール
アドレスを私に教えて」は、Let me
know your new e-mail address.
と言うことができます。

let (→ P165) には「～するのを
許す」という意味があるので、let
me ～ は「私が～するのを許す」、つ
まり let me know は「私が知るの
を許す＝知らせる（教える）」という
意味になるのです。

012
答える、応える

| answer | reply | respond |

answer → reply → respond の順にフォーマルな言い方になり、responsibleはビジネスの場で使われることも多いです。reply は〈＋ to〉または〈＋ that〉、respond は〈＋ to〉が続くことに注意しましょう。

---

answer 答える

「答える、返答する」の意味の基本単語。
例 Answer the following questions.
（次の問いに答えなさい）

---

reply （〜と）返答する

質問や手紙の返事をすること。しっかりと考えたうえで返事をするイメージをもつ。
例 She didn't reply to his letter.
（彼女は彼の手紙に返事を出さなかったんだ）
例 He replied that he had no idea.
（まったくわからないと彼は答えたの）

---

respond 応える

質問だけでなく、相手の依頼や要望などに対して応えるといった場合にも使う。
名詞は response（応答）。
例 He gladly responded to their invitation.
（彼は彼らの招待に喜んで応じたよ）

28

説得する、うながす

| persuade | convince | urge |

どれも、相手に何かをさせようとするときの動詞。一般的によく使うのは persuade です。persuade と urge は〈＋人＋ to do〉の形で使いますが、convince は〈＋人＋ that/of〉の形で使うことに注意しましょう。

persuade　説得する

理由を説明したり頼んだりして、相手に何かをする決断をさせること。
例 I tried to persuade her to change her mind, but she didn't listen to me.
（彼女を説得して考えを変えさせようとしたけど、彼女は聞く耳をもたなかったよ）

convince　説得する、納得させる

議論や理屈によって、相手に本当だと確信させること。〈＋人＋ that/of〉の形で使う。
例 The attorney tried to convince the jury that the defendant was innocent.
（弁護士は被告が無実だと陪審員を説得しようとした）

urge　強く勧める

相手に何かをするよう強く勧めること。
〈＋人＋ to do〉の形で使う。press も類義語。
例 Her teacher urged her to go to art college.
（先生は彼女に美大へ進学するよう強く勧めた）

断る

refuse	reject	decline

どれもよく使われますが、ニュアンスに違いがあり、この中では decline が一番ていねいなニュアンスを含みます。また、この3語よりも口語的な表現に turn down があることも覚えておくとよいでしょう。

refuse　拒む

申し出や頼みなどを受け入れないこと。
反意語は accept（受け入れる）。
例 I asked her out, but she refused.
（彼女をデートに誘ったけど、断られたよ）
例 She refused to go out with me.
（彼女はぼくとデートするのを断ったんだ）

reject　（きっぱりと）拒絶する

refuse よりも意味が強く、きっぱりと断ること。
例 He applied for the job but was rejected.
（彼はその仕事に応募したが、不採用になった）

decline　お断りする

招待や申し出などを穏やかに断ること。
「丁重にお断りする」といったイメージ。
語源で見ると、de「下に」＋clin「曲げる」となる。
例 I politely declined the invitation.
（私はその招待を丁重にお断りしたわ）

疑う

doubt	suspect	question	wonder

どの単語も「疑いの気持ちをもつ」ことを表しますが、後ろに続く形が異なります。doubt と suspect の意味は間違えやすいので注意しましょう。

doubt　疑う

「〜ではないだろう」と疑う（思う）こと。
例 I doubt that the campaign will be successful.
（そのキャンペーンは成功しないと思うわ）

suspect　怪しむ

「〜ではないか」と疑いをこめて推測すること。
例 I suspect that the detective is the criminal.
（探偵が犯人じゃないかなと思う）

question　疑いをかける

発言などの正しさや、妥当性を疑うこと。
また、異議を申し立てること。
例 His supporters questioned the court decision.
（彼の支援者たちは判決に異議を唱えた）

wonder　いぶかる

「〜だろうか」と疑わしく思うこと。
〈＋疑問詞 /if/whether〉の形で使う。
例 I wonder if our flight will leave on schedule.
（私たちの便は予定通りに出発するかしら）

016

〜したい

want to do	would like to do	hope to do
would rather do	feel like 〜ing	be inclined to do	be eager to do

want to do は基本表現ですが、相手にお願いするときなどは失礼になる場合もあるので、would like to do を使う方がベター。ほかの表現も、「願望」「気分」などのニュアンスに応じて使い分けましょう。

want to do 〜したい

「〜したい」という意味の基本表現。
話し言葉でも書き言葉でも幅広く使う。
例 I want to get a driver's license.
（運転免許を取りたい）

would like to do 〜したい（のですが）

want to do より控えめな表現。
店員などに対してよく使う。
would love to do は「ぜひ〜したい」の意味。
例 I'd like to open a savings account.
（普通預金口座を開きたいのですが）

hope to do 〜ならよいと思う

希望や期待を込めて、「〜が実現してほしい」というニュアンスで使う。
例 I hope to see you again.
（またお会いしたいです）

would rather do （むしろ）〜したい

「別のことをするよりも、こちらの方をしたい」と、ほかと比較して言いたいときに使う。
例 I'd rather stay at home than go out.
（外出するよりも家にいたいよ）

feel like 〜ing 〜したい気分だ

口語的な表現。want to do より意味が弱い。
例 I feel like going to karaoke.
（カラオケに行きたい気分だね）

be inclined to do （何となく）〜したい気分だ

incline は「傾く、（心を）向けさせる」の意味。
何かをする方に気持ちが（何となく）傾いていること。フォーマルな表現。
例 I wasn't inclined to call her.
（彼女に電話する気にならなかったんだ）

be eager to do 〜することを切望している

何かをしたいと強く願っていること。
eager の代わりに dying を使うと、「死ぬ（die）ほど〜したい」というニュアンスの類義語になる。
例 I'm eager to join the group's fan club.
（そのグループのファンクラブにぜひ入りたい）

〜するつもりだ

will do	be going to do	plan to do
intend to do	be thinking of 〜ing	be determined to do

日常的に最もよく使うのは will と be going to do ですが、この2つには微妙な違いがあるので、意味や状況に応じて区別が必要です。すでに決まっていることか、計画中のことかなどで、使う表現を変えましょう。

will do　〜しよう（と今決めた）

自分が主語のときは、「〜しよう」とそのとき決めたニュアンス。自分以外が主語のときは、「〜することになっている、（きっと）〜するだろう」というニュアンスになる。

例 I'll call you later.（あとで電話するよ）

例 He will probably pass the exam.
（彼はきっとその試験に合格するだろう）

be going to do　〜する予定（つもり）だ、〜しそうだ

口語的な表現で、すでに決まっていることに対して使う。
「〜する方へ向かっている」がもとの意味。

例 I'm going to apply for the audition.
（私はそのオーディションに応募する予定よ）

plan to do　〜する予定だ

具体的に予定を立てている状況で使う表現。
「〜することを計画している」の意味。

例 We plan to go camping this weekend.
（私たちは今週末にキャンプに行く予定なの）

intend to do ～するつもりだ

「～する意図（intention）をもっている」ということ。
ややフォーマルな表現。
例 He intends to change jobs.
（彼は転職するつもりだ）

be thinking of ～ing ～しようかと考えているところだ

まだ結論を出していない状況で使う表現。
例 I'm thinking of traveling to America next year.
（来年、アメリカ旅行に行こうかと考えている）

be determined to do ～すると決意している

determine は「決意する」、be determined は「決意している（状態だ）」の意味。
例 I'm determined to pass the exam.
（必ず試験に合格するつもりだ）

未来を表す will の２つの意味

　未来を表す will の意味は、「①自分の意志」と「②単なる未来（の推量）」に大別できます。①はおもに I'll [I will] ～「～しよう（と今決めた）」の形で使います。②はおもに第三者やモノを主語にして使い、She will get married next year.（彼女は来年結婚することになっている）のように言います。

　また、「結婚するだろう」と言う場合には、She will probably get married next year. などと言うのがふつうです。

018

思う

think suppose feel believe hope be afraid imagine dream expect

これらは「(自然に) 頭に浮かぶ」という意味をもちます。think が一般的ですが、ニュアンスに応じて表現を使い分けましょう。

think

(〜だと) 思う

「思う」の意味を表す一般的な単語。
論理的に考えるというニュアンスがある。
例 I think the Giants will win.
(ジャイアンツが勝つと思うな)

suppose

何となく (〜だと) 思う

think より意味が軽く、不確かな気持を含む。
類義語の guess はより口語的。
例 I suppose he is right.
(彼は正しいと思うけどね)

feel

(感覚的に〜だと) 思う

感覚的に何かを思うこと。
think の代わりに使うと、より控えめな響きの表現になる。
例 I feel the politician is lying.
(その政治家はうそをついていると思うわ)

believe

(自信をもって) 思う

確証はないが、本人の中ではある程度の自信があるときに使う。
「たしか〜だと思う」の意味で使える。
例 I believe Kazuko is unmarried.
(カズコはたしか独身だと思うよ)

hope

～であってほしいと思う

起きてほしいことを期待する場合に使う。
例 I hope it will be sunny tomorrow.
（明日は晴れるといいな）

be afraid

残念ながら～だろうと思う

起きてほしくないことを予想する場合に使う。
例 I'm afraid it will rain tomorrow.
（明日は［残念ながら］雨になりそうだね）

imagine

想像する

とくに根拠のないことを頭の中で考えること。
picture, fancy も類義語。
例 I can't imagine how much pressure he
was feeling.（彼がどれほどのプレッシャー
を感じていたかは想像もできないよ）

dream

夢見る

未来に起きてほしいと思うことを、頭の中で考えること。
例 He dreams of becoming a voice actor.
（彼は声優になることを夢見ているんだ）

expect

予想する

未来の出来事に関して思うこと。
よい予想だけでなく、悪い予想にも使う。
例 I didn't expect he would pass the exam.
（彼がその試験に合格するとは思わなかったよ）

考える

think of | regard | consider | contemplate | weigh | reflect | meditate

どれも「(自分の頭で主体的に) 考える」という意味の動詞です。「何をどのように考えるのか」などによって、これらの表現を使い分けましょう。後ろに置く前置詞の違いにも注意が必要です。

---

think of　〜について考える

特定の事物に関する意見や感想を思い描いたり、案を思いついたりすること。
例 What do you think of this movie?
(この映画、どう思う?)
例 I thought of a good idea.
(名案を思いついたわ)

---

regard　みなす

特定の見方で (主観的に) とらえること。
〈+ as〉の形で「〜とみなす」となる。
例 We regard the situation as very serious.
(私たちは、この状況を非常に深刻なものと考えています)

---

consider　考慮する

何か決断をするために考えること。
また、客観的に考えたり考慮に入れたりすること。
例 We should consider the victims' feelings.
(私たちは被害者の気持ちを考慮すべきだよ)

---

contemplate

（決めるために）熟考する

何かを決めるために、じっくり考えること。
例 The star player seemed to be
   contemplating retirement.
（そのスター選手は引退を考えているようだった）

weigh

検討する

判断を下すために、比較して考えること。
例 We have to weigh the pros and cons.
（私たちは賛否両論を検討する必要があるね）

reflect

熟考する

何かをじっくり考えたり反省（回顧）したりする
こと。フォーマルな表現。
〈＋ on〉の形で使うことが多い。
例 I reflected seriously on my future.
（私は自分の将来を真剣に考えた）

meditate

瞑想する、熟考する

静かにじっくり考えること。
また、（宗教的な）瞑想にふけること。
〈＋ on〉の形でも使う。
例 I meditate for some time every morning.
（私は毎朝しばらくの間、瞑想します）

推測する

guess	infer	assume

guess と assume は日常的によく使われる動詞です。3 つの動詞の後ろには（that で始まる）文を置きます。推測の確実性などによって使い分けられるようにしましょう。

guess （根拠はなく）推測する

根拠はないけれど「〜かなと思う」こと。
suppose も類義語。
例 I guess that man is over 90.
（あの男性は 90 歳を超えていると思うな）

infer 推論する

十分な根拠に基づいて推し量ること。
例 We can infer from the context that this word has a negative meaning.
（文脈からこの言葉は否定的な意味をもつと推論できる）

assume 憶測する

証拠はないが、当然そうだと決めてかかること。
何かを仮定して、結果を想像するような場合にも使う。
例 Let's assume that we can't use electricity.
（電気を使えないと仮定してみよう）

～らしい

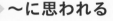

| seem | appear | look | sound |

これらの動詞の後ろには形容詞などを置いて、seem (to be) true(本当らしい) のように言います。また、it で始まる形で使うこともあります。

1

seem

～に思われる

主観的にそれらしく思われること。
例 It seems (that) the situation is becoming worse.
（状況は悪化しているみたいね）

appear

～に見える

（実際には違うかもしれないが）外見上はそれらしく見えること。
例 The boss appeared to be in a good mood.
（上司はきげんがよさそうだったよ）

look

～に見える

「外見上それらしく見えて、実際もそうだろう」と思われること。
例 You look sick. What's wrong?
（具合が悪そうだね。どうしたの？）

sound

～に聞こえる

話などの（聞いた）情報が、それらしく思われること。
例 The rumor sounds true.
（そのうわさは本当らしいよ）

話すとき・考えるときによく使う表現　推測する／～らしい

学ぶ

| study | learn | specialize |

study は日本語の「学ぶ」、learn は日本語の「習う」の意味に近い単語です。この 2 つの単語は、何に重点を置くのかで使い分けましょう。「専攻する」という意味の specialize の後ろには、〈＋ in〉の形を続けます。

study

学ぶ

学科として（学校などで）勉強すること。
学ぶという行為（の過程）に重点がある。
例 I've been studying French for two years.
（私はフランス語を 2 年間勉強しています）

learn

習う

学習や経験を通じて知識や技能を身につけること。学んで身につけた「結果」に重点がある。
例 We learned how to pitch a tent from the camp counselor.
（私たちはキャンプの指導員からテントの張り方を学んだ）

specialize

専攻する

大学（院）で特定の分野を専攻すること。
アメリカ英語では、学部の専攻には major in を使う。
例 I'm going to specialize in business administration.
（私は経営学を専攻するつもりだ）

問題

| problem | matter | issue |

どれも「問題」という意味の単語ですが、意味合いがそれぞれ異なります。明らかな問題なのか、個人的な問題なのか、大きな事柄に対する問題なのかなど、「問題の種類」によって使い分けましょう。

problem　問題

解決法（solution）を出すべき（むずかしい）問題のこと。
- 例 The problem is that we don't have enough time.
（問題は、私たちには十分な時間がないことよ）

matter　問題、事柄

思考や議論などの対象となる事柄や状況のこと。「個人的な問題」というニュアンスを含むこともある。
- 例 The tax increase is a matter of life and death for us.
（増税は私たちにとって死活問題だ）

issue　問題、論点

STOP THE WAR!

政治・経済など、多くの人の利害に関係する問題や論点のこと。
- 例 The educational battle became a political issue.
（その教育論争は政治問題になった）

1

話すとき・考えるときによく使う表現　学ぶ／問題

調べる

check　examine　inspect　test　survey　explore　look up　look into

「調べる」という意味で、日常的に最もよく使われる単語は check。その
ほか「検査する」「調査する」などのニュアンスによって使い分けます。

---

check

確認する、点検する

間違いなどがないかどうかを確認すること。
日本語の「チェックする」に近い意味。
例 I have my car checked every six months.
（6か月ごとに車を点検してもらっているんだ）

---

examine

調査する、検査する

注意深く観察して、念入りに調べること。
例 You should have your stomach examined.
（君は胃を調べてもらった方がいいよ）

---

inspect

検査する、視察する

専門家が基準に照らして、くわしく調べること。
例 The product was carefully inspected for defects.
（その製品は、欠陥がないかどうかを慎重に点検された）

---

test

試す

機械や薬などの機能を、実際に試して調べること。
例 The software was tested over and over before its launch.
（そのソフトウェアは発売前に何度も試験された）

survey ▶ （意見）調査をする

全体を見渡して調査すること。特定のグループの人の意見を集める調査のときによく使う。
例 They surveyed college students about their reading habits.
（彼らは読書習慣に関して大学生を調査した）

explore ▶ 探査する

問題や可能性などを調査・検討すること。また、場所を探検すること。
例 They explored the jungle on foot.
（彼らはそのジャングルを徒歩で探検した）

look up ▶ 情報を調べる

本やコンピュータなどで情報を探すこと。consult も類義語。
例 I looked up the word in my dictionary.
（私は辞書でその単語を調べた）

look into ▶ 調査する

真実を見つけるために事実や原因などを調査すること。investigate も類義語。
例 The police are looking into the accident.
（警察はその事故を調査しているんだ）

---

look を使ったそのほかの連語

look は「見る」という意味の動詞ですが、ここで紹介している look up や look into のように、前置詞や副詞と結びついて、さまざまな意味に変わります。

例えば look back は「振り返る」という意味で、look back at my life（私の人生を振り返る）というように使います。また、look up to 〜で「〜を尊敬する」という意味を表すこともできます。

わかる

understand　see　follow　grasp　realize　learn　find　prove

understand が最も一般的な単語。see は会話でよく使われる表現で、「賛成はしていないが理解はした」という状況でも使えます。

understand　理解する

「理解する」の意味を表す一般的な動詞。類義語の comprehend はよりフォーマルな単語。
例 I can't understand the meaning of this sentence.
（この文の意味は理解できないな）

see　わかる

目で見て（または考えて）わかること。必ずしも相手の意見に同意しているわけではない、という場合にも使う。
例 I see. （[なるほど] わかりました）

follow　理解が追いつく

相手の説明などに、理解が追いつくこと。
例 Do you follow what I'm saying?
（私の言っていること、わかる？）

grasp　把握する

話の要点や意味などを、十分に理解すること。
例 I couldn't grasp what he meant.
（彼が何を言いたいのかわからなかったわ）

realize

悟る、気づく

事実などを（突然）はっきりと理解すること。
例 People often realize the importance of
health when they lose it.
（人々はよく、健康を失ったときその大切さに気
づくんだ）

learn

知る、わかる

人から聞いたり本を読んだりして、有益な情報な
どを得ること。
例 I learned from this book how important
logical thinking is.
（私はこの本で論理的思考の大切さがわかった）

find

（調査などから）わかる

調査や研究などを通じ、事実などを発見すること。
例 The study has found (that) the number
of bees is decreasing sharply.
（その研究によって、ハチの数が急減しているこ
とがわかった）

prove

（情報の真偽などが）わかる

情報の真偽などが判明すること。
〈＋ (to be ＋) 形容詞〉の形で使う。
例 The news proved (to be) fake.
（そのニュースはうそだとわかった）

相づちの I see.

　I see. という表現は、説明などを
理解したということを伝えるときに
使われるほか、相手の話を聞いてい
るときの相づちとしても使います。
　ただ、とくに意味のない話に対し

て I see.（なるほど）と相づちをう
つ場合は、「相手の話が耳に入って
いる」という程度の意味です。「相
手の話にあまり関心がない」といっ
た印象を与えることもあるので注意
しましょう。

議論する

| discuss | debate | dispute | argue |

「議論する」という意味の一般的な単語は discuss。日本語と対応させて、
それぞれの単語の意味の違いを確認しましょう。

discuss

議論する、話し合う

結論を出すために（なごやかに）話し合うこと。
口語では talk about も使う。
例 Let's discuss our sales campaign.
（販促キャンペーンについて話し合おう）

debate

討論する

公の場で賛否の意見を戦わせること。
ゲームとして行う場合もある。
例 We debated the death penalty.
（私たちは死刑について討論した）

dispute

論争する

（感情的に）言い争って相手に勝とうとすること。
「口論する」は quarrel。
例 They have been disputing the succession
for years.
（彼らは何年も相続争いをしている）

argue

論じる、主張する

根拠を挙げて相手を説得しようとすること。
「言い争う」という意味でも使う。
例 We argued about how to spend the
money.
（私たちはその金をどう使うかについて議論した）

意見

| opinion | view | comment | feedback |

opinion は「考えること」、view は「見ること」、comment は「発言すること」に、それぞれ重点がある単語です。

opinion

意見

特定の事柄に関する自分の考えのこと。
例 My opinion is different from yours.
（私の意見はあなたとは違うよ）

view

見解

物事に関する個人的な見方、考え方のこと。大きな問題について使われることが多い。
例 Some people have a biased view of history.
（偏った歴史観をもつ人々もいる）

comment

意見、論評

特定の問題に関して発信される見解や批評のこと。
例 We welcome any comments or questions about this article.
（この記事に関するどんなご意見やご質問も歓迎します）

feedback

（利用者などの）反応、感想

情報やサービスなどの受け手からの意見や反応のこと。
例 We've had a lot of feedback from our customers.
（お客様から多くのご意見をいただいています）

意味

| meaning | sense | implication | significance |

meaning, sense, implication は、おもに「言葉の意味」を表します。
significance は significant(意義深い、重要な)の名詞形です。

---

meaning 意味

言葉などの一般的な意味のこと。
means(手段)との混同に注意。
例 Do you know the meaning of this word?
(この単語の意味を知ってる?)

---

sense 特定の意味

ある特定の意味のこと。
意味が複数あるうちの1つというニュアンス。
例 The pianist is a genius in the literal
sense of the word.(そのピアニストは言葉
通りの意味で天才なんだ)

---

implication 暗示

言葉などにこめられた言外の意味のこと。
語源で見ると、im「中に」+ pli「含む」となる。
例 Only a few people understood the
implications of his words.(彼の言葉にこ
められた意味を理解した者は少数だった)

---

significance 意義

事柄などの重要性のこと。また、言葉などに暗示
された意味にも使う。
例 The manager emphasized the
significance of the project.
(部長はそのプロジェクトの意義を強調した)

方法、方策

| way | means | measure | method |

way は幅広く使える基本語です。method は、カタカナ言葉でよく聞く「メソッド」と同じような意味合いの単語です。

way　方法

何かを行うための方法のこと。
例 **What is the best** way **to improve my listening comprehension of English?**
（英語のリスニング力を上げる最善の方法は何ですか？）

means　手段

目的を達成するための手段のこと。
例 **SNS is a useful** means **of communication.**
（SNS は役に立つ通信手段だ）

measure　方策

特定の問題に対応するための処置のこと。take measures（対策を取る）の形でよく使う。
例 **We have to take drastic** measures **to deal with this situation.**（私たちは状況に対処するために思い切った対策を取るべきだわ）

method　（体系的な）方法

特定の目的のための体系的な方法や方式のこと。
例 **Their teaching** method **is out of date.**
（彼らの教授法は時代遅れだよ）

主張する

insist assert argue allege persist maintain complain claim advocate

この意味をもつ動詞の多くは、後ろに that(〜ということ)で始まる文を置くことが多いです。

---

insist

主張する

反対されても、強く(頑固に)言い張ること。
例 He insisted that he had nothing to do with the matter.
(自分はその件とは関係ないと彼は主張した)

---

assert

断言する

主観的に確信して、断言すること。
フォーマルな表現。
例 The manager asserted that his team will win the championship. (自分のチームが優勝するだろうと監督は断言した)

---

argue

論じる、主張する

論拠を示して、または推論して主張すること。
相手を説得するというニュアンスをもつ。
例 Critics argue that the policy will not work well. (批判派はその政策がうまくいかないだろうと主張している)

---

allege

主張する、断言する

(証拠を示さずに)言い立てること。
例 It is alleged that the governor accepted bribes.
(知事は賄賂を受け取ったと言われている)

---

persist

言い張る

（執拗に）主張し続けること。
〈＋ in〉の形で使う。
例 The suspect persisted in denying the charges.
（容疑者は嫌疑を否認し続けた）

maintain

主張し続ける

反対されても自分の立場を維持して、くり返し主張すること。
例 Some people maintain that the consumption tax should be abolished.
（消費税は廃止すべきだと主張する人々もいる）

complain

苦情を言う

日本語の「クレームをつける」に当たる。claim はこの意味では使わない。
例 The guest complained that his room smelled of cigarettes.
（部屋がたばこ臭いと客は苦情を言った）

claim

（権利として）主張する

本当だと主張すること。
また、権利として主張すること。
例 The driver claimed that the brakes hadn't worked.
（ブレーキがきかなかったと運転手は主張した）

advocate

唱道する

特定の考えなどを公に支持すること。
比較的大きな場で主張するときに使う。
例 The party strongly advocates tax reform.
（その政党は税制改革を強く主張している）

評価する

evaluate rate value estimate appraise appreciate assess judge admire

日本語の「評価する」には、「価値を測る」「価値があると思う」の2通りの意味があります。英語でも、異なる動詞を使ってそれらを表します。

evaluate
価値・能力などを測る

モノの価値や人の能力などを測ること。
項目ごとに分析して評価するイメージ。
例 It is important to evaluate workers'
abilities properly.
(労働者の能力を正しく評価することは大切だ)

rate
評価する

評価して格付けしたり、採点したりすること。
例 He is rated as one of the top shogi
players.
(彼はトップ棋士の一人として評価されている)

value
(金銭的に)評価する

特定のものに金銭的な価値があると考えること。
「重視する」という意味もある。
例 Japanese people tend to value harmony.
(日本人は調和を重視する傾向がある)

estimate
概算する

費用などの数字を見積もること。
また、人物を評価すること。
例 They estimated the repair cost at about
10,000 yen.
(彼らは修理代を約1万円と見積もった)

appraise

鑑定する

資産などを専門的に評価すること。
「不動産鑑定士」は real estate appraiser。
例 The real estate was appraised at about a billion yen.
（その不動産は約 10 億円と評価された）

appreciate

よさがわかる

価値や重要度を正しく評価すること。
例 Her paintings were not highly appreciated at that time.
（当時彼女の絵は高く評価されていなかったんだ）

assess

（検討して）評価する

慎重に検討して、人物・状況・物事の価値や効果などについて評価すること。
例 The manager assessed the business plan.
（マネージャーは事業計画を評価した）

judge

判断する

情報を総合的に考慮して、特定の問題などについて自分の意見を決めること。
例 A book can't be judged by its cover.
（本は表紙からは判断できない）

admire

賛美する

高く評価して感嘆すること。
語源で見ると、ad「〜へ」+ mir「驚く」となる。
例 Everyone admires him for his integrity.
（誰もが彼の高潔さを讃えているんだ）

032

非難する、責める

blame attack reproach condemn criticize accuse charge tell off scold

この意味の動詞は、後ろに〈人＋ for 〜〉の形を置くことが多いです。ただし、accuse と charge には for は使わないので注意しましょう。

blame

責める、非難する

人の責任を追及すること。accuse や charge より意味が弱く、日常的な場面でも使う。

例 Some parents blame teachers for their children's bad grades. （子どもの成績が悪いのを、教師のせいにする親もいる）

attack

強く批判する

強硬に批判すること。
attack のもとの意味は「攻撃する」。

例 The politician was harshly attacked in the media.
（その政治家はメディアで酷評された）

reproach

叱責する

人の失敗などをとがめること。
がっかりしているというニュアンスを含む。

例 He was reproached for leaking confidential information.
（彼は機密情報を漏らしたと叱責された）

condemn

非難する

道徳的な理由などで人を公然と非難すること。

例 The politician was condemned for lying about his academic qualifications.
（その政治家は学歴を詐称したとして非難された）

criticize

批判する

人（の考えなど）に不同意の意見を述べたり、人のあら探しをしたりすること。
例 Some people always criticize others.
（いつも他人の批判ばかりする人もいる）

accuse

非難する、告発する

罪や過ちのために人を責めたり、有罪だと主張したりすること。
例 His boss accused him of neglecting his work.
（上司は職務怠慢だと彼を責めた）

charge

告発する

人や組織を有罪だと公に告発すること。法的・公的な機関によるもので、accuse より堅い単語。
例 The ad company was charged with piracy.
（その広告会社は著作権侵害で告発された）

tell off

叱りつける

怒って叱ること。上司が部下を叱責する場合などに使う。dress down も同様の意味。
例 The manager told him off for missing the meeting.
（部長は彼が会議を欠席したことを叱った）

scold

がみがみ叱る

親や教師などが子どもを叱る場合に使う。
例 The teacher scolded him for being late.
（先生は遅刻したことで彼を叱った）

認める

| admit | accept | recognize | confess | approve | authorize |

「事実を認める」という意味を表す動詞（admit など）と、「承認する」という意味を表す動詞（approve など）があります。この2つの違いに加え、「どのように認めるのか」に応じてこれらの動詞を使い分けましょう。

admit （事実だと）認める

自分の失敗などを、事実だと仕方なく認めること。反意語は deny。admit よりも堅いニュアンスの単語に concede がある。
例 I must admit that I was careless.
（私は軽率だったと認めざるをえないね）

accept 受け入れる

正しいと（納得して）認めること。
また、世間一般が（事実として）認めること。
例 It is generally accepted that stress causes various diseases.
（ストレスが多くの病気を引き起こすことは一般に認められている）

recognize 自分の中で納得する

事実として気づいて認めること。また、（他人と見分けて）本人だとわかることの意味でも使われる。自分の頭の中で納得するイメージ。
例 I recognized the importance of environmental preservation.
（私は環境保全の重要性を認めた）

confess

自発的に認める

自責の念などから不都合なことを認めること。
また、罪などを告白すること。
例 He confessed that he had broken the
window.
（彼は窓を割ったことを自白した）

approve

承認する

計画や提案などを公に承認すること。
例 The Diet approved the bill.
（国会はその法案を承認した）

authorize

公認する

権威のある組織や人などが、正式な許可を与える
こと。
例 Police officers are authorized to carry
guns.
（警察官は銃の携行を認められている）

**approve は
「of」で意味が変わる？**

approve と approve of は使い
方に微妙な違いがあります。

approve は、公的機関などが公
に承認や認可を与える場合に使いま
す。例えば、「新薬を承認する」は

approve a new drug です。

approve of は、おもに個人が「〜
に賛同する」という意味を表しま
す。例えば、「上司は私の提案を認
めてくれないだろう」は、My boss
won't approve of my proposal.
と言います。

すばらしい

great	wonderful	excellent	admirable	fantastic
amazing	incredible	remarkable	exceptional	

これらの単語はおもに会話で使い、どれを使ってもよい場合も多いです。
great, wonderful, fantastic などはとくに口語的な表現です。

---

great ▶ 最高な

very good の意味のくだけた表現。
Sounds great.（いい考えだ）は会話でよく使う。
例 We had a great time in Okinawa.
（私たちは沖縄ですばらしい時を過ごした）

---

wonderful 驚くべき

「すばらしい」の意味の一般的な単語で、「最高の気分にさせてくれる」というニュアンス。
驚きのニュアンスも含む。
例 This is a wonderful movie.
（これはすばらしい映画だよ）

---

excellent 優秀な

excel（秀でている）の形容詞で、ほかと比べて傑出していること。
例 She is an excellent scholar.
（彼女は優れた学者なんだ）

---

admirable あっぱれな

admire（賞賛する）の形容詞で、「賞賛すべき」の意味。おもに書き言葉で使う。
例 The research team has made admirable achievements.
（その研究チームは見事な業績を挙げてきた）

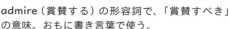

fantastic

最高にすてきな

もともと「空想的な」の意味 (fantasy ＝空想)。
terrific も類義語。
例 The night view from the building was
　fantastic.
(そのビルからの夜景はすばらしかったよ)

amazing

見事な

amaze (驚かせる) の形容詞で、「人を驚かせる
ほどの」ということ。仰天するというニュアンス。
例 She has made amazing progress in
　speaking English.
(彼女の英会話は驚くほど上達している)

incredible

信じ難い

「信じられないほどすばらしい」ということ。
例 He has an incredible talent for writing.
(彼には信じられないほどの文才がある)

remarkable

顕著な

注目に値するほどの特徴や価値があること。
例 He has made remarkable progress in
　his schoolwork.
(彼の学校の成績は著しく伸びた)

exceptional

並外れた

exception (例外) の形容詞で、「例外的なほどす
ばらしい」ということ。
例 He has exceptional communication skills.
(彼は並外れたコミュニケーション能力をもって
いる)

035

むずかしい

| difficult | hard | tough | challenging |

difficult と hard が基本語。どちらを使ってもよい場合が多いですが、
difficult は「知識や技術が足らずむずかしい」といった場合に使います。

---

difficult

（問題などが）むずかしい

easy の反意語で、かんたんではないこと。
技術や知識を要することに対してむずかしいというニュアンス。
例 This is a difficult puzzle.
（これはむずかしいパズルだ）

---

hard

（仕事などが）むずかしい

精神的・肉体的にきついこと。
カタカナ言葉の「ハードな」に近い意味の口語的な単語。
例 The training was hard.
（訓練はきつかったよ）

---

tough

厄介な、骨が折れる

問題や状況が、心身に負担をかけるほど非常に困難なこと。
例 The team is in a tough situation.
（そのチームは厳しい状況にある）

---

challenging

むずかしい、やりがいがある

challenge（挑戦、難題）がもとになった単語で、課題などがむずかしいけれど意欲をそそること。
例 I was given a challenging assignment.
（私はやりがいのある課題を与えられた）

発表する

announce   present   release   publish

どれもよく使いますが、意味が微妙に違うので正しく使い分ける必要があります。release は「見えなかったものが見えるようになる」というイメージ。

announce 発表する

ニュースなどを公に発表すること。
「知らせる」というイメージが強い。
例 The exam results have been announced.
（試験の結果が発表された）

present 発表する、披露する

見せたり説明したりして発表すること。
名詞の presentation は「発表、プレゼン」。
例 I'll present the results of our research using a chart.
（図を使って私たちの調査の結果を示します）

release 公開する

未発表のもの（映画など）を一般に知らせること。
「リリースする」という日本語の意味に近い。
例 The film will be released next week.
（その映画は来週公開されます）

publish 発表する、出版する

雑誌や新聞などで、活字にして発表すること。
例 The research was published in a scientific magazine last year.
（その研究は昨年ある科学雑誌に発表された）

1
話すとき・考えるときによく使う表現 むずかしい／発表する

「すみません」

　「すみません」という日本語は日常の中でよく耳にしますが、この表現は状況によってさまざまな意味合いで使われているので、外国の方が理解に苦しむ日本語の1つかもしれません。英語では状況に応じて、以下のように表現を使い分ける必要があります。

謝罪するとき

I'm sorry.（すみません）
We're sorry for the inconvenience.
（当方がご迷惑をおかけして申し訳ありません）
I'm sorry to have kept you waiting.（お待たせしてすみません）
I apologize.（お詫びします）

声をかける（相手の注意を引く）とき

Excuse me.
（すみません［ちょっと失礼します］）

席を中座するときや、相手の言ったことがよく聞き取れなかったときにも使う。

I have something to tell you.
（ちょっとお話があるのですが）
Could you spare me a minute?
（少しお時間いいですか？）
May I ask you something?（ちょっとお尋ねしてもいいですか？）

相手の言葉が聞き取れなかったとき

Excuse me? ／ Sorry?
（すみません［聞き取れなかったのですが］）

Pardon? や I beg your pardon. とも言うが、これらは比較的硬い言い方。

Sorry, but I can't hear you very well.
（すみませんが、よく聞こえません）《電話で》
Could you repeat that, please?
（もう一度言っていただけますか？）

Part 2

感情・感覚を
あらわすときの
表現

見る

look see watch stare gaze observe monitor glare glance peer peep witness

look や glance など、「ある1点に目を向ける」という意味合いのものは、後ろに at を置きます。see, watch などは後ろに前置詞が続きません。

look 見る

意識的に目を向けること。
おもに静止しているものを見る場合に使う。
例 I looked up at the signboard.
（私はその看板を見上げた）

see 見える

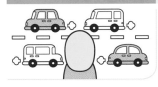

自然に目に入ってくること。
また、「見てみる、確かめる」の意味でも使う。
例 We can see the Milky Way at night here.
（ここでは夜に天の川が見えるんだ）

watch （動いているものを）見る

動いているものや、テレビの画面などをじっと見つめる（観察する）こと。
例 I like watching soccer games.
（私はサッカーの試合を見るのが好きなの）

stare （じろじろ）見つめる

長い間じっと（じろじろ）見つめること。
例 Don't stare at me like that.
（そんなふうにじろじろ見ないで）

gaze

（一定の方向を）見つめる

一定の方向に長い間目を向けること。
例 She was gazing blankly out the window.
（彼女は窓の外をぼんやり見つめていた）

observe

観察する

注意深く見て観察すること。
例 We enjoyed observing the stars.
（私たちは星の観察を楽しんだ）

monitor

監視する

注意深く見て、経過を観察（記録）すること。
例 Zoo keepers monitor the behavior of
animals.
（動物園の飼育員たちは動物の行動を監視する）

glare

にらみつける

人や野獣などが、（怒って）相手をにらみつける
こと。
例 She glared at him in disgust.
（彼女は不快そうに彼をにらみつけた）

glance

ちらりと見る

（意図的に）ちらりと見たり、ざっと見回したり
すること。glimpse も同様の意味。
例 The referee glanced at his watch.
（審判は腕時計をちらりと見た）

peer 凝視する

よく見えないものを見極めようとして、目を凝らすこと。
例 I peered at the small screen.
（私は小さな画面を凝視した）

peep のぞく

穴やすき間からのぞき見る（盗み見る）こと。
peek も同様の意味。
例 Someone was peeping through the keyhole.
（誰かが鍵穴からのぞき見していた）

witness 目撃する

犯罪や事故などを目撃すること。
また、裁判で証言すること。
例 He witnessed the burglars coming out of the building.
（彼は強盗がそのビルから出てくるのを目撃した）

「映画を見る」は see ？

　「映画を見る」と言う場合は、状況に応じて see と watch を使い分けます。「映画を見に行く」は go to see a movie（または go to the movies）で表します。しかし、「テレビで映画を見る」と言う場合は、watch a movie on TV となります。

　概して言うと、映画館の大きなスクリーンで見る場合は、（映像が視野に入ってくるという感覚で）see a movie、テレビや DVD で（動く画面を）見る場合は watch a movie を使うのが基本です。

おいしい

| good | delicious | tasty | yummy |

これらのほかにも、good-tasting（味のよい）、savory（風味のある、食欲をそそる）、mouth-watering（おいしそうな）なども使えます。

good ▶ おいしい

delicious よりもカジュアルな表現。
会話でよく使う。
例 The restaurant serves good food.
（そのレストランはおいしい料理を出すんだ）

delicious ▶ （最高に）おいしい

味や香りなどがとてもよいこと。
大げさに言いたいときに使うこともある。
例 My grandma's pies are delicious.
（おばあちゃんのパイはおいしいの）

tasty ▶ 味（付け）がいい

料理に香りや風味があることを表し、お菓子などには使わない。くだけた表現。
例 The breakfast was simple but tasty.
（朝食は簡素だったけど、おいしかったよ）

yummy ▶ （子どもが言う）おいしい

基本的には子どもが使う、カジュアルな表現。
yum-yum とも言う。
例 This ice cream is really yummy.
（このアイスクリームはすごくおいしいね）

気づく

| notice | sense | be aware | be conscious |

notice と sense は動詞ですが、aware と conscious は形容詞なので be 動詞とセットで使います。「どう気づくのか」によって使い分けましょう。

notice　気づく

見たり聞いたりして気づくこと。
例 He didn't notice the traffic sign.
（彼はその道路標識に気づかなかった）

sense　感づく

感覚的に気づくこと。
類義語の perceive はよりフォーマルな単語。
例 Animals are quick to sense danger.
（動物は素早く危険を察知する）

be aware　気づいている

感覚や思考によって、事実や状況などに気づいて（警戒して）いること。
例 Some people aren't aware of the risk of illegal drugs.
（違法薬物の危険性に気づいていない人もいる）

be conscious　気づいて（意識して）いる

事実や状況などを認識すること。
積極的に意識するニュアンスがある。
例 I was conscious that someone was following me.（私は誰かが自分のあとをつけていることに気づいていた）

泣く

| cry | weep | sob | burst into tears |

基本語は cry で、たいていの場合は cry で置き換え可能です。ニュアンスをうまく伝えるために、泣き方に応じて表現を使い分けましょう。

cry 泣く

「泣く」の意味の一般的な単語。
例 I **cried** when I saw the last scene of the movie.
（その映画のラストシーンを見て泣いた）

weep （しくしく）泣く

しくしくと静かに泣くこと。文語調の単語で、日常的には cry で代用するのが普通。
例 She **wept** at the sad news.
（彼女はその悲報を聞いて泣いた）

sob むせび泣く

しゃくり上げながら、（哀れな）声を上げて泣くこと。
例 He **sobbed** into the pillow.
（彼は枕に顔をうずめて泣きじゃくった）

burst into tears 突然泣き出す

急にわっと泣き出すこと。burst は「爆発する→突然～し出す」で、tears は「涙」。
例 The boy was scolded and **burst into tears**.
（少年は叱られて、わっと泣き出した）

041

笑う

| laugh | smile | grin | giggle |

笑い方に応じて、使われる動詞が異なります。これらの動詞の後ろには、前置詞 at(～を見て、聞いて) を置くことが多いです。

laugh

笑う

愉快なことを見聞きしたりして、「笑う」という意味を表す一般的な単語。
例 Everyone laughed at his joke.
(みんなが彼の冗談に笑った)

smile

ほほえむ

笑みを浮かべること。
例 The clerk smiled at me.
(その店員は僕にほほえんだんだ)

grin

にやりと (にっこり) 笑う

歯をむき出しにして (大きな笑みを浮かべて) 笑うこと。
例 The chimpanzee looked as if it was grinning at me. (チンパンジーは私に向かってにやりと笑っているように見えたわ)

giggle

くすくす笑う

女の子などが高い声でくすくす (キャッキャッ) と笑うこと。
例 She giggled like a little girl.
(彼女は少女のようにくすくす笑った)

思い出す

remember | recall | recollect | be reminded of

re- は「再び、もとへ（back）」の意味です。例えば、recall は「再び呼ぶ」、recollect は「再び集める」という意味がもとになっています。

remember （自然に）思い出す

もとの意味は「覚えている」で、過去の出来事が自然に頭に浮かぶときに使う。
例 Now I remember.
（ああ、思い出した）

recall （意識的に）思い出す

（多少）努力して思い出そうとすること。
can とともによく使う。
例 I couldn't recall his name.
（私は彼の名前が思い出せなかった）

recollect （意識的に努力して）思い出す

思い出そうとすること。recall よりも思い出そうと努力するニュアンスが強い。
例 I tried to recollect where I had met him.
（私はどこで彼に会ったかを思い出そうとした）

be reminded of （何かのきっかけで）思い出す

何かをきっかけにして、思い出すこと。「（人）に〜を思い出させる」という意味の〈remind ＋人＋ of 〜〉をもとにした形。
例 I was reminded of my childhood by the photo.（その写真で、子どもの頃を思い出した）

叫ぶ

shout　　scream　　exclaim　　yell

基本語は shout で、最も広く使うことができます。どんなときにどんな感情で叫ぶのかによって、それぞれの単語を使い分けましょう。

shout

叫ぶ

「叫ぶ、突然大声を出す」という意味の一般的な単語。cry も同じ意味で使う。
例 The policeman shouted at me to stop.
（警官は大声で私に止まれと叫んだ）

scream

悲鳴を上げる

驚きや恐怖などで、「キャー」といった金切り声を上げること。
例 She screamed when she saw a cockroach.
（彼女はゴキブリを見て悲鳴を上げた）

exclaim

感嘆の声を上げる

驚き・喜びなどの強い感情を表す。
shout や cry よりも改まった単語。
例 "I got it!" He exclaimed in excitement.
（「わかった！」と彼は興奮して叫んだ）

yell

怒鳴る

興奮や怒りで怒鳴る（わめく）こと。
スポーツの応援などでも使う。
例 My boss will yell at me if he finds out about this error.
（このミスを知られたら上司にどやされるよ）

恥ずかしい、内気な

ashamed　embarrassed　shy　reserved

「恥ずかしい」という感情には、いくつかの種類があります。とくに ashamed と embarrassed の意味の違いに注意して、使い分けましょう。

ashamed ▶ 恥じている

自分のしたことなどに対して、（道徳的に）罪を感じて申し訳なく思うこと。shame は「恥」。
例 I was ashamed of having done such a stupid thing. (私はそんなばかなことをしたのを恥ずかしく思った)

embarrassed ▶ ばつが悪い、照れくさい

他人が自分のことをどう思っているだろうかと、不安に思うこと。
例 I was embarrassed to be seen with my boyfriend.
(恋人と一緒のところを見られて恥ずかしかった)

shy ▶ 内気な

他人との接触を怖がること。
内向的な性格を表す。
例 He was too shy to ask her for a date.
(彼は恥ずかしくて彼女をデートに誘えなかったんだよ)

reserved ▶ 控えめな

自分の感情などを表に出したがらない（引っ込み思案、よそよそしい）こと。
例 They were reserved toward outsiders.
(彼らは外部の者によそよそしかった)

喜んで、満足して

`happy` `delighted` `glad` `pleased` `satisfied` `content` `excited` `thrilled` `ecstatic`

「喜んでいる、うれしい」という意味を表したいとき、会話では happy や glad をよく使います。ニュアンスの違いで使い分けましょう。

happy ▶ うれしい

「うれしい、楽しい、幸せだ」という漠然とした気分を表す。
例 Why does she look so happy?
（彼女はなぜあんなにうれしそうなの？）

delighted ▶ とても喜んで

very happy の意味の、改まった響きの単語。
例 My family will be delighted to see you.
（私の家族は、あなたに会えてうれしく思うでしょうね）

glad ▶ （感謝を込めて）うれしい

「何かの理由で（一時的に）うれしい」ということ。感謝のニュアンスを含むときなどに使う。
例 I'm glad to get a nice present from him.
（彼からすてきな贈り物をもらってうれしいわ）

pleased ▶ 喜んで、満足して

意味は happy に近く、happy, glad よりも改まった響きの単語。
例 She was pleased with the results of the exam.
（彼女は試験の結果に喜んだ）

satisfied

満足している

期待したことが実現して、満足していること。
日常的にはこの意味で happy もよく使う。
例 We were satisfied with the service at the hotel.
（私たちはそのホテルのサービスに満足したよ）

content

（一応）満足している

satisfied より意味が弱く、「不満はない、これ以上（の変化）は望まない」というニュアンス。
例 I'm content with my present life.
（私は今の生活に満足しているよ）

excited

わくわくしている、楽しみだ

すでに起きたことや、これから起こることによって気持ちが高ぶっていること。
例 I'm excited about our trip to Europe.
（ヨーロッパ旅行が楽しみだよ）

thrilled

感激している

強い喜びと興奮を感じていること。
excited よりも強めのニュアンス。
例 Everyone was thrilled with their performance.
（誰もが彼らの演技に感激していた）

ecstatic

有頂天の

この上なく喜んでいること。
extremely happy and excited の意味。
例 They received an ecstatic welcome from the local people.
（彼らは地元の人々から熱狂的な歓迎を受けた）

おもしろい

| interesting | pleasant | exciting | funny |

モノや経験などが「おもしろい」ということを表したい場合は、感情の種類に応じてこれらの形容詞を使い分けます。

interesting 興味深い

知的な興味や関心を引くこと。
例 I read an interesting article on an online news site.
（ネットのニュースサイトでおもしろい記事を読んだの）

pleasant 楽しい

楽しい気分になった状態を表す。
agreeable はよりフォーマルな単語。
例 We had a pleasant time on the beach.
（私たちは浜辺で楽しく過ごしたよ）

exciting わくわくする

わくわくしている（興奮している）状態を表す。
例 This is an exciting game.
（これはわくわくするゲームだな）

funny 愉快な

人の笑いを誘うようなおもしろさ。
humorous はより堅い単語。
例 He often makes funny jokes.
（彼はよく愉快な冗談を言うのよ）

怒って

| angry | furious | annoyed | offended |

基本語は angry。annoyed → offended → angry → furious の順に、怒りの程度が強くなっていくイメージです。

angry 怒っている

「怒っている」の意味の基本語。
くだけた表現では mad とも言う。
例 He looked angry with me.
（彼は私に怒っているように見えたの）

furious 激怒している

激しく怒っていること。
extremely angry の意味。
例 I forgot to call the client and he got furious.
（私が電話し忘れて、依頼主は激怒しました）

annoyed いらついている

「少し怒っている」というニュアンス。人や物事に「いらいらしている」というイメージ。
例 I was annoyed that he didn't even say, "Thank you." （彼が「ありがとう」さえ言わなかったから、私はいらついたの）

offended 機嫌が悪い

相手の不快な発言や態度などで、気分を害していること。
例 He was offended by the clerk's response.
（彼は店員の返答に腹を立てたんだ）

いやな

| unpleasant | offensive | nasty | disgusting |

これらは不快な感情を表す形容詞です。bad で表すこともできますが、これらの単語を使えば表現のバリエーションを増やすことができます。

unpleasant 楽しくない

pleasant（楽しい）の反意語で、モノなどが人を不愉快な気分にさせること。
例 I had an unpleasant experience today.
（今日、不愉快な経験をしたんだ）

offensive 不快な

人やモノなどが、人に不快感を抱かせたり怒らせたりすること。フォーマルな響きの単語。
例 The article was offensive to disabled people.
（その記事は障害者には不快なものだった）

nasty 不快な、意地悪な

人の振る舞い・発言・性格などが非常に不快なこと。bad に近い意味で幅広く使う。
例 Don't be so nasty to her.
（彼女にそんなに意地悪をしないで）

disgusting 極めて不愉快だ

「気分が悪くなるほど不快」といったニュアンス。「むかつく」という意味でも使う。
例 It's disgusting to hear his dirty jokes.
（彼の下品な冗談を聞くのはむかつくんだ）

驚いて

| surprised | amazed | astonished | shocked |

「驚いて」を表す基本的な単語は surprised。surprised → amazed → astonished の順で、驚きの程度が大きくなるイメージです。

surprised ▶ 驚いている

驚きを表すときの一般的な単語。
また、「（瞬間的に）びくっとする」という場合には startled とも言う。
例 I was surprised to hear the news.
（そのニュースを聞いて驚いた）

amazed ▶ 驚嘆している

very surprised の意味で、おもに好ましい驚きを表す。
例 Everyone was amazed at her singing performance.
（みんなが彼女の歌唱力に驚いたんだ）

astonished ▶ びっくり仰天している

extremely surprised の意味。
さらに強い意味の単語に astounded がある。
例 I was astonished to see my credit-card bill.
（クレジットカードの請求書を見て仰天したよ）

shocked ▶ ショックを受けている

心理的な衝撃を受けていること。「ショックで動けない（言葉が出ない）」は stunned。
例 I was shocked at the fact.
（私はその事実にショックを受けた）

疲れて

| tired | exhausted | worn out | weary |

単に「疲れている」なら tired で、「疲れ切っている」は exhausted や worn out で表します。weary は文語的な単語です。

---

tired
疲れている

「疲れている」の意味で一般的に使う。
例 I'm too tired to walk anymore.
（疲れすぎてもう歩けないよ）

---

exhausted
（肉体が）疲れ切っている

肉体を使いすぎて消耗しきっていること。
例 We were exhausted when we reached the peak.
（山頂に着いたときには私たちは疲れ切っていた）

---

worn out
（心身が）疲れ切っている

働きすぎなどで心身が消耗していること。
例 The volunteer workers looked worn out.
（ボランティアの作業員たちは疲れ切っているように見えたよ）

---

weary
くたびれている

長時間の仕事や緊張などで疲れたり、うんざりしたりしていること。文語的な表現。
例 The couple has become weary of married life.
（その夫婦は倦怠期に入っている）

嫌う

| dislike | hate | despise |

「私は〜が嫌いだ」は、会話では I don't like 〜 でも表せます。not like → dislike → hate の順で、「嫌い」の度合いが強くなります。

dislike　嫌う

好きではないこと。
like に否定を表す dis- を加えた形。
例 I dislike my father's smoking.
（私は父がたばこを吸うのが嫌いなの）

hate　大嫌いだ

憎むほど嫌っていること。
「ヘイト」はカタカナ言葉にもなっている。
例 I hate cigarette smoke.
（私はたばこの煙が大嫌いだ）

despise　軽蔑する、ひどく嫌う

相手を見下す気持ちや、強い嫌悪感を表す。
look down も同様の意味。
例 She seems as if she despises her boss.
（彼女は上司が大嫌いなようだ）

会話で使える！ can't stand

　上の3語以外に、「嫌いだ」と言うときによく使われるのが can't stand という表現。stand には「〜を我慢する、〜に耐える」という意味があるので、直訳だと「我慢できない、耐えられない」という意味になります。また、stand の後には名詞（または動名詞）がきます。
例 I can't stand being nagged by my parents.
（親に小言を言われるのは大嫌い）

好む

| like | love | prefer | be fond of |

基本語は like ですが、どれも会話でよく使う表現です。love や be fond of は like より意味が強く、prefer は何かと比較する場合に使います。

like 好きだ

「〜を好む」の意味で、一般的に使う。
例 I like dogs.
（私はイヌが好きです）

love 大好きだ

like より好意の度合いが強い。
例 I love this song.
（私はこの曲が大好きなの）

prefer （何かと比較して）好きだ

2つのものを比べて「こちらの方が好きだ」ということを表す。〈＋ A to B〉で「B より A を好む」という意味。
例 I prefer white wine to red wine.
（私は赤ワインより白ワインの方が好きなの）

be fond of （ずっと）大好きだ

like より好意の度合いが強い。また、長期にわたって好きなものに使う。口語的な表現。
例 I've been fond of this town since I was a child.
（子どもの頃からずっとこの町が好きでした）

孤独な、寂しい

| alone | lonely | solitary | deserted |

まわりに人がいなくて孤独であっても、寂しいとは限りません。そのような点でのニュアンスの違いに注意しましょう。

alone 一人だ

まわりに誰もいなくて孤独なこと。
「寂しい」というニュアンスはない。
例 I was alone watching TV at home.
（私は家で一人でテレビを見ていたの）

lonely 寂しい

話し相手などがいなくて寂しいこと。
また、場所が（人里離れて）寂しいこと。
例 He felt lonely away from his family.
（彼は家族と離れて寂しかった）

solitary 一人ぼっちの

孤独で寂しいという意味もあるが、孤独を好んでいるというニュアンスを含む場合もある。
例 The old man is living a quiet and
　　solitary life.
（その老人はひっそりと一人で暮らしている）

deserted 人気のない
ひと け

場所に人がおらず、寂しい（廃れている）こと。
例 The photographer visited a deserted
　　village.
（カメラマンはある寂しい村を訪ねた）

怖がる

| afraid | scared | frightened | horrified | terrified |

「恐れている」の意味の一般的な形容詞は afraid。scared, frightened はくだけた響きの単語で、horrified, terrified は afraid より意味が強いです。これらの単語を使い分けて、ニュアンスをうまく伝えましょう。

afraid 恐れている

怖がる気持ちを幅広く表す。
やや改まった響きの単語で、日常的には scared で代用することが多い。
例 I'm not afraid of ghosts.
（おばけなんか怖くないよ）

scared おびえている

くだけた表現で、突然の出来事などを一時的に怖がっていること。びくびくしているイメージ。
be scared of 〜で「〜を怖がる」という意味。
例 Don't be scared.
（怖がらないで）

frightened ぎょっとした

scared よりやや意味が強く、日常的によく使う。
fright は「（短時間の）恐怖」という意味。
例 The boy looked frightened of the
barking dog.
（その男の子はほえている犬を怖がっているようだったわ）

horrified

ぞっとしている

強い恐怖やショックを感じていること。
horror は「恐怖」という意味。
例 I was horrified at the sight of the
collapsed building.
（私はその倒壊したビルを見てぞっとしたわ）

terrified

ものすごく恐れている

自制心を失うほどの恐怖を感じていること。
terror は「恐怖」という意味。
例 I'm terrified of heights.
（私は高いところが怖いの）

「動揺」を表す alarmed と panicked

恐怖などによる動揺を表す表現に alarmed と panicked がありますが、この2つにも微妙なニュアンスの違いがあります。

まず、alarmed は「不安で」「おびえて」という意味です。動詞の alarm には「驚かせる」「おびえさせる」といった意味があるため、alarmed は「驚いて恐れる」といったニュアンスを含んだ表現です。

一方、panicked は「うろたえて」「あわてて」という意味で、突然の恐怖や驚きによって異常な行動を取っている、というような状態を表します。日本語で言う「パニックになる」と同じような意味合いです。

alarmed

panicked

055

不安に思う

| worried | anxious | uneasy | nervous | concerned |

anxious や uneasy は、漠然とした不安を表すニュアンスがあり、他人や社会に影響を与えるようなことに関して不安に思っている場合は、おもに concerned を使います。

worried　心配だ

起きたことやこれから起きそうなことに関して、(長い間) 思い悩んでいること。anxious より具体的な心配事があるイメージ。
例 I'm worried that we may run short of money.
(お金が足りなくなるのではないかと不安です)

anxious　不安だ

おもに「よくないことが起こりそうだ」と、未来のことを不安に思うこと。
例 I'm anxious about my son's grades.
(息子の成績が心配だ)

uneasy　不安で落ち着かない

よくないことが起こりそうで、「何となく不安だ、落ち着かない」というニュアンス。
例 I feel uneasy about the weather.
(天気のことが心配です)

nervous　不安だ、緊張している

おもに「自分が今していること、これからしようとすること」について不安を感じること。
緊張している心情を表す。

例 I always feel nervous before making a presentation.

（私はプレゼンをする前はいつも不安になるの）

concerned　懸念している

おもに他人や社会的な問題などに対して不安に思うこと。フォーマルな表現。

例 People are concerned about the care insurance system.

（人々は介護保険制度を懸念している）

不安に思っている相手を元気づける表現

「不安に思う」という表現に関連して、ここでは不安に思っている相手を元気づけるときに使えるフレーズをご紹介します。

◆励ますとき

Hang in there. … がんばれ。
Never say die. … 弱音を吐くな！
Don't be scared. … 怖がらないで。
Don't worry. … 心配しないで。
Take it easy. … 無理しないで［気楽にね］。

◆慰めるとき

Cheer up! … 元気を出して！
That's too bad. … お気の毒に。
I'm sorry to hear that. … それはお気の毒に。

What a shame [pity]! … 何てお気の毒に！
You'll have another chance. … またチャンスがあるさ。
Forget it. … 気にするなよ。
It can't be helped. … 仕方ないよ。
I know how you feel. … 気持ちはわかるよ。

😊 056
頼る、当てにする

| depend on | rely on | count on | fall back on | turn to |

それぞれ、「何に頼るか」「どう頼るか」などによってニュアンスが異なります。また、前置詞 on が続くことが多いですが、turn to のように to が続くこともあるので、前置詞とセットで覚えるようにしましょう。

depend on （助けや必要なものに）頼る

人の助けや、必要なものに頼ること。「〜に左右される」の意味でも使う。
rest on はよりフォーマルな表現。
例 He depends on his parents for financial support.
（彼は両親からの金銭援助に頼っているんだ）

rely on （信頼して）頼る

信頼して頼ること。
また、ほかに選択肢がない状況で頼るといったニュアンスもある。
例 They rely on the bus for transportation.
（彼らは交通機関をバスに頼っている）

count on 当てにする、計算に入れる

助けなどを当てにすること。また、先のことを予想して計算に入れること。
bank on もほぼ同じ意味の表現。
例 He is counting on getting a promotion.
（彼は昇進を当てにしているのよ）

fall back on （最後の手段として）頼る

（最後の手段として）人の援助などに頼ること。
例 She had no relatives or friends to fall back on.
（彼女には頼れる親戚や友人がいなかった）

turn to （援助や助言を）当てにする

人などから援助や助言を得ようとすること。辞書や計算機に頼るという場合にも使う。
look to も同様の意味。
例 They turned to the head office for help.
（彼らは本社の援助を当てにした）

dependent と independent は後ろの前置詞に注意！

depend の形容詞は dependent（頼った、依存した）。その反対の意味を表すのが independent（独立した、依存しない）です。それぞれの使い方を見てみましょう。

まず dependent ですが、〈be 動詞 + dependent + on〉の形で使い、動詞の depend on と同じ意味を表すことができます。例えば He depends on his parents.（彼は両親に依存している）は、He is dependent on his parents. とも言い換えられます。

一方、independent の場合は、He wants to be independent of his parents.（彼は両親から独立し

たがっている）のように、〈be 動詞 + independent + of〉の形で使います。

dependent と independent では、このように後に続く前置詞が異なることに注意する必要があります。on は「～の上に載っている」、of は「～から離れている」というニュアンスのため、この違いから使い方を覚えておくとよいでしょう。

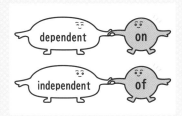

熱心な、熱中して

earnest	hardworking	eager	passionate	be crazy about
be absorbed in	be addicted to		be enthusiastic about	be devoted to

「熱中している」を表す単語・語句はたくさんあります。それぞれのもとの意味を知っておくと、ニュアンスの違いがつかめます。

earnest ▶ 熱心な

（成し遂げようとして）まじめに何かに集中していること。
例 She is earnest about her studies.
（彼女は自分の研究に熱心だね）

hardworking ▶ 勤勉だ

work hard（熱心に仕事をする）がもとになった形容詞。industrious も同様の意味。
例 She is a hardworking student. I'm sure she will succeed.
（彼女は勉強熱心な生徒だ。きっと成功するよ）

eager ▶ 切望している

何かがほしい（したい）と強く願っていること。keen も同様の意味。
例 He is eager for success in business.
（彼は事業で成功したがっているの）

passionate ▶ 情熱的な、激しい

何かに情熱を傾け、強く望んでいること。趣味や仕事に対しても使う。
例 Her passionate love for him wasn't returned.
（彼女の彼への熱愛は報われなかった）

be crazy about　大好きだ

直訳は「〜に狂っている」。
「おかしくなるくらい好き」というニュアンス。
例 The couple are crazy about each other.
（彼らはラブラブだね）

be absorbed in　没頭している

1つのことに注意を集中していること。
absorb のもとの意味は「吸収する」。
例 He is absorbed in the computer game.
（彼はコンピュータゲームに没頭している）

be addicted to　中毒だ

何かが大好きでやめられないこと。
ちなみに、drug addict は「薬物中毒者」。
例 He is addicted to gambling.
（彼はギャンブル中毒だ）

be enthusiastic about　熱狂している

何かに情熱を傾けて（燃えて）いること。
例 All the club members were enthusiastic
　about the tournament.
（部員全員がその大会に向けて燃えていた）

be devoted to　専念する

devote は「捧げる」の意味。
自分のすべてを捧げていること。
例 They are devoted to the volunteer
　activity.
（彼らはボランティア活動に打ち込んでいる）

健康な

| fine | well | healthy | fit |

fine と well は、おもに「一時的に元気な状態だ」の意味です。healthy と fit は、健康な状態が長続きしているというニュアンスがあります。

fine　体の調子がいい

体の調子がいいこと。
話し言葉で使う。
例 I was relieved that he looked fine.
（彼が元気そうだったので安心した）

well　（病気でなく）元気だ、健康だ

ill の反意語で、病気ではないこと。
例 My grandfather is getting well.
（祖父は［病気から］元気になってきている）

healthy　健康（的）な

人が健康なこと。
また、モノなどが健康によいこと。
例 Japanese food is delicious and healthy.
（和食はおいしくて健康にいい）

fit　（運動を通じて）健康だ

運動を通じて、体が健康で丈夫なこと。
例 I keep fit by jogging.
（私はジョギングで健康を保っています）

心

| heart | mind | soul | spirit |

日本語の「心」には「感情」、「頭の働き」、「精神」の意味があります。表したい意味に応じて、これらの単語を使い分けましょう。

heart — 心、感情

喜　怒
哀　楽

愛情や、喜怒哀楽などの感情をつかさどるもの。
例 The news broke my heart.
（そのニュースを聞いて私は心を痛めた）

mind — 思考

理性による思考をつかさどるもの。
形容詞は mental（精神的な）。
例 I don't know why she changed her mind.
（彼女がなぜ心変わりしたのかわからないんだ）

soul — 魂

人間の本質のこと。
また、人間の精神的な部分のこと。
例 The painter put his heart and soul into his work.
（その画家は自分の作品に全身全霊を傾けた）

spirit — 精神

肉体を突き動かす気持ちなどのこと。
前に形容詞や名詞を置いて使うことが多い。
例 Successful people often have a pioneering spirit.
（成功する人々はよく開拓者精神をもっている）

「ありがとう」

　感謝を伝えるときの一般的な表現である Thank you. は、カジュアルな場でもフォーマルな場でも使われます。ですが、さまざまな言葉を加えることによって、状況に応じた感謝のしかたのバリエーションが広がり、相手への感謝の気持ちをよりうまく伝えることができます。

一般的な感謝の表現

Thanks for everything. （いろいろありがとうございます）
Thanks for your trouble. （ご苦労さまでした）
Thank you for your time. （お時間いただきありがとうございました）
Thank you for inviting me. （招待していただいてありがとうございます）

誘いは断るが、感謝を示す表現

No, thank you. ／ **No, thanks.** （いいえ、結構です）
Thanks, but no thanks. （ありがとう、でも結構です）
Thank you anyway.
（とにかくありがとう）
Thank you just the same.
（とにかくありがとう）

> Thank you anyway.
> よりも少しフォーマル
> な表現。

強い感謝を示す表現

I can't thank you enough.
（何とお礼を申し上げてよいのかわかりません）

> 「十分に感謝できない」
> →「感謝しきれない」

I can't express my thanks.
（お礼の申しようもありません）
You're a big help. （おかげで助かります）
It's very kind of you. （大変ご親切さまです）
I appreciate your help.
（お力添えに感謝いたします）

> appreciate の後ろには人ではなく相手の行為などを置く。

Part 3

動作・活動に
かかわる表現

打つ、当たる

`strike` `hit` `slap` `pat` `punch` `tap` `beat` `bang` `bump`

よく使う単語は strike と hit の2つ。strike は少し堅い響きのため、日常的には hit を使うことが多いです。どうたたくかでも表現が変わります。

strike 打つ

「打つ、たたく」の意味の一般的な単語。
hit より少し堅いニュアンスをもつ。
例 She struck her head on the low ceiling.
（彼女は低い天井で頭を打った）

hit 打つ、当たる

ねらった場所を（一撃で）打つ、たたくこと。
「（災害などが場所を）襲う」という意味でも使う。
例 The Kanto region was hit by an
earthquake this morning.
（関東地方でけさ地震があったんだ）

slap 平手打ちする

相手の顔などを、開いた手でたたくこと。
例 She slapped him in the face.
（彼女は彼の顔を平手打ちした）

pat 軽くたたく

手のひらなどで軽くたたくこと。
例 Someone patted my shoulder.
（誰かが私の肩をたたいた）

punch ▶強打する

こぶし（fist）で強く打つこと。
例 The batter got excited and punched the umpire.
（打者が興奮して、審判をなぐった）

tap ▶（続けて）たたく

指先などで軽く（続けて）たたくこと。
例 He tapped the microphone and started speaking.
（彼はマイクを軽くたたき、話し始めた）

beat ▶（続けて強く）打つ

続けて強く打つこと。心臓の鼓動などに使う。pound も類義語。
例 I felt my heart beating rapidly.
（心臓が速く鼓動しているのを感じた）

bang ▶（大きな音を立てて）たたく

大きな音を立ててたたくこと。
例 She banged the door and left the room.
（彼女はドアをバタンと閉めて部屋を出た）

bump ▶ぶつかる

人やモノが何かに衝突すること。
例 My apartment is so small that I sometimes bump into the furniture.
（私のアパートはとても狭いから、ときどき家具にぶつかるの）

作る

make produce manufacture create generate build establish draw up

基本語は make です。作る方法・過程・対象などに応じてさまざまな語句を使い分けられますが、多くの場合は make で代用することができます。

make ▶ 作る

「作る」の意味を表す一般的な単語。
例 Can you tell me how to make this soup?
（このスープの作り方を教えてくれる？）

produce ▶ 製造する、生産する

販売する目的で、製品や農産物などを作ること。
例 A lot of films have been produced in the studio.
（そのスタジオでは多くの映画が作られてきた）

manufacture ▶ 製造する

工場で、機械を使って製品を大量に作ること。
例 The factory manufactures car parts.
（その工場は車の部品を製造している）

create ▶（芸術作品などを）創造する

有形・無形の新しいものを作り出すこと。
制度などを作るときにも使う。
例 The project is expected to create new employment opportunities.（その事業は新たな雇用機会を生み出すことが期待されている）

generate ▶ 生み出す

create に近い意味で使うほか、電気や熱などを発生させる場合にも使う。
- 例 Tidal power can be used to generate electricity.
（潮力は発電に利用できる）

build ▶ 建造する

⚠建設中

建物・道路・船などの大きなものを作ること。construct も同様の意味。
- 例 A new highway is being built in my town.
（私の町では新しい幹線道路が建設中です）

establish ▶ 設立する

会社や組織などを作って活動を始めること。「関係を築く」という意味でも用いる。
- 例 Our company was established in 2001.
（当社は 2001 年に設立されました）

draw up ▶ 作成する

My name is...
I like...

文書や表などをかいて作ること。
make up も同じニュアンス。
- 例 I'm drawing up the list of trainees.
（私は研修生のリストを作成しています）

「作る」の意味のそのほかの単語
develop と compose

develop は、時間をかけて新しい製品などを作り出すこと。develop a new drug（新薬を開発する）のように使います。

また compose は「構成する、作曲する」で、compose a song（曲を作る）のように使います。ちなみに、名詞の composition は「構成、作文、作曲」、component は「構成要素、部品」の意味です。

切る

| cut | chop | slice | dice | mince | saw | slash | mow |

「切る」の一般的な単語は cut ですが、切り方や切る時の道具などによってさまざまな単語を使い分けます。

---

cut

切る

「切る」の意味を表す一般的な単語。
例 I cut my finger while cooking.
（料理をしていて指を切った）

---

chop

たたき切る、切り刻む

おの、包丁、ナイフなどを使い、木や食材などを切る場合に使う。
例 The woodcutters chopped down the huge tree in two hours.
（木こりたちは、その大木を2時間で切り倒した）

---

slice

薄切りにする

薄く切ること。
日本語でも「スライスする」と言う。
例 Slice the cucumber and put it in this bowl.
（キュウリを薄切りにしてこのボウルに入れて）

---

dice

さいの目切りにする

四角く切ること。
名詞の dice は「さいころ」の意味。
例 There are diced tomatoes in this salad.
（このサラダには四角く切ったトマトが入っているんだよ）

mince ▶（肉・野菜を）切り刻む

道具を使って、肉などをとても細かく刻むこと。
「みじん切りにする」場合にも用いる。
例 Mince an onion and put it in the pot.
（玉ねぎをみじん切りにして、鍋に入れて）

saw ▶のこぎりで切る

のこぎりを使って切ること。
例 The old man saws wood every morning.
（その年老いた男は毎朝、木を切っているんだ）

slash ▶さっと切る、深く切りつける

鋭いもので長く切ること。
「乱暴に切る」というニュアンスを含む。
例 I know who slashed the tires on my car.
（誰が私の車のタイヤを切りつけたのかはわかってるわ）

mow ▶刈る

機械や道具を使って、草や穀物を刈ること。
例 My father mows the lawn twice a year.
（父は一年に二回、芝を刈るの）

まだある！「切る」の類義語

　「切る」という意味を表す動詞はほかにもあります。
shred … 裁断する
slit … 細長く切る
trim …（端を）切りそろえる

carve …（肉を）切り分ける、彫刻する

　これらは shred →シュレッダー、slit →スリット、trim →トリミング、carve →カービング、などとカタカナ言葉にもなっていますね。

焼く

| burn | roast | bake | grill | barbecue | toast | tan |

burn は「焼く」という意味の基本的な単語で、「燃やす」という意味もあります。「モノを燃やす」「食材を焼く(調理する)」「肌を焼く」の3つに分けて、それぞれの意味を表す動詞を覚えておきましょう。

burn 焼く、燃やす

「焼く」の意味の一般的な単語。
さまざまな対象に使える。
例 Don't burn the garbage on the beach.
(浜辺でごみを燃やしてはいけません)

roast (直火で)焼く

オーブンや直火(串焼きなど)で、肉・野菜などを焼くこと。
例 It will take an hour to roast the chicken.
(チキンを焼くのに1時間かかるよ)

bake (オーブンで)焼く

パンやケーキなどをオーブンで焼くこと。
例 My mother baked me a birthday cake.
(母がバースデーケーキを焼いてくれた)

grill

（焼き網などで）焼く

焼き網や鉄板を使って、直火で肉・魚などを焼くこと。
アメリカ英語の broil も同様の意味。

例 I'd like grilled saury.
（焼きサンマが食べたいね）

barbecue

バーベキューをする

野外において、肉・野菜などを鉄板などに載せて焼くこと。

例 We barbecued and ate a lot of meat and vegetables.
（私たちはたくさんの肉や野菜をバーベキューにして食べた）

toast

こんがり焼く

パンやチーズなどを、火に近づけてきつね色に焼くこと。

例 I thawed the cheese pizza and toasted it.
（チーズピザを解凍してこんがり焼いた）

tan

（肌を）焼く

日光に長時間当たって、肌の色が濃くなること。
健康的な肌は tan(ned) skin、炎症を起こしたような日焼けは sunburnt skin という。

例 Some people try to make their skin look tanned.
（肌を日焼けしたみたいに見せようとする人もいるよね）

直す

repair restore fix renovate refurbish remodel mend correct straighten

「モノを修理する」「建物を修繕する」など、直す対象によって使い分けます。「訂正する」という意味の correct なども覚えておきましょう。

repair　修理する

車や電気製品など、複雑な構造のものを良好な状態に戻すこと。
例 The copy machine is being repaired now.
（コピー機は今修理中です）

restore　修復する

傷んだ建物・家具・絵画などを直して、もとの状態に戻すこと。
例 This picture needs restoring.
（この絵は修復する必要があるね）

fix　修理する（調整する）

「調整する」といったニュアンスをもつ。おもにアメリカ英語で repair の代わりに使われる。
例 I need to have my computer fixed.
（コンピュータを修理してもらう必要がある）

renovate　（部屋などを）修繕する

古くなった建物や部屋などを、修理して新しくすること。
例 The old church is going to be renovated next year.
（その古い教会は来年修繕される予定です）

refurbish ▸ 改装する

建物などの外観を直して、見栄えをよくすること。
例 The restaurant has been completely
   refurbished.
（そのレストランは全面的に改装されたね）

remodel ▸ 改築する

建物などの形・構造・外観などを変えること。
例 The city government is planning to
   remodel the city hall.
（市当局は市役所庁舎の改築を計画している）

mend ▸ （服などを）修繕する

おもに服を繕うときに使う。
イギリス英語では、おもちゃなど単純な構造のものを修繕するときに使う。
例 Mend the hole in your shirt yourself.
（シャツの穴は自分で繕いなさい）

correct ▸ 訂正する

間違いを直すこと。
例 Please correct me if I make a mistake.
（私が間違えたら訂正してくださいね）

straighten ▸ まっすぐにする

曲がっていたものを、まっすぐ（straight）に直すこと。
例 Your tie is crooked. Please straighten it.
（ネクタイが曲がっているよ。直して）

行く

go	come	visit	call on

基本的には go を使いますが、相手のところへ行く場合は come を使う点に注意。意識の中心がどこ(誰)にあるかを考えて使い分けましょう。

go — 行く

自分のいる場所から、別の場所へ移動すること。
例 I'll go out in the afternoon.
(午後は外出します)

come — (そちらへ)うかがう

相手のいる場所へ自分が行くこと。
意識の中心は相手にある。
例 I'll come to your office at two tomorrow.
(明日の2時にそちらの事務所にうかがいます)

visit — 訪問する

ある目的で特定の場所に行って時間を過ごすこと。
例 I visited a friend in the hospital.
(友人のお見舞いに病院へ行った)

call on — 立ち寄る

人をちょっと(短時間)訪問すること。
drop in on も同じ意味で使う。
例 I sometimes call on him on my way home from work.
(私は時々仕事帰りに彼のところに立ち寄る)

出発する

| start | leave | depart | set out |

start と leave は意味が似ていますが、「〜から出発する」と言うときは、start の後ろには from が必要なことに注意しましょう。

start

出発する

一般的な単語。移動を開始することで、「〜から出発する」の場合は〈＋ from〉の形で使う。
例 We have to start at five at the latest tomorrow morning. (明日の朝は遅くとも5時には出発しなければならない)

leave

離れる

「ある場所を離れる」というニュアンスがある。会話では go もよく使う。
例 It's time to leave.
(もう行く時間だ)

depart

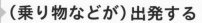

(乗り物などが)出発する

start よりフォーマルな印象の単語で、おもに乗り物や旅行の出発に使う。
例 The first train departs at 5:30.
(始発電車は5時30分に出発します)

set out

旅立つ

leave に近い意味だが、旅に出る場合によく使う。set off も類義語。
例 They set out for India.
(彼らはインドへ向けて旅立った)

着く

arrive	get to	reach

arrive が基本語としてよく使われますが、後ろの前置詞によって使い方が変わるので注意しましょう。語句のイメージとしては、arrive → get to → reach の順に「苦労して着く」という意味合いが強くなります。

arrive　　着く

目的地に到着すること。駅などの「地図上の1点」に着くときは後ろに at を、地域などの「広がりをもつ場所」に着くときは in を使う。

例 We arrived at Kyoto Station at two.
（私たちは2時に京都駅に着いた）

例 We arrived in Kyoto at two.
（私たちは2時に京都に着いた）

get to　　到着する

get が「手に入れる」の意味のため、「努力して着く」というニュアンスを含む。
道を調べたりするなど、ある程度の労力を使って着くという場合に使う。

例 Can you tell me how to get to the museum?
（美術館への行き方を教えてもらえますか？）

reach　　たどり着く

苦労して到達すること。
「到達するのが少しむずかしい」というイメージをもって使うとよい。

例 We reached the peak of the mountain in four hours.
（私たちは4時間かかって山頂に着いた）

乗る

| get on | ride | board | take |

電車・車・飛行機など、どんな乗り物に乗るかに応じて使う動詞が変わります。「利用する」の意味で使う take の使い方にも注意しましょう。

get on　（電車などに）乗る

電車やバスなどの乗り物に乗り込むこと。
「降りる」は get off。車やタクシーなど小型の乗り物に乗り込むときは get in(to) を使う。
例 Don't rush to get on a train.
（駆け込み乗車をしてはいけない）

ride　（馬などに）乗る

馬・自転車などに「またがって」乗ること。ただし、アメリカ英語では車やバスに乗る場合にも使う。
例 Children under six cannot ride this coaster.
（6歳未満のお子さまはこのコースターに乗れません）

board　（飛行機などに）乗る

飛行機や船など、比較的大きな乗り物に乗ること。日常的には go on board なども使う。
例 A lot of people were waiting to board their planes.
（多くの人々が飛行機に乗るために待っていた）

take　利用する

どこかへ行くために、交通機関を利用するときに使う。
例 We took a taxi to the airport.
（私たちはタクシーに乗って空港へ行った）

こわれる、こわす

| break | smash | shatter | crush | crack | burst | tear |
| ruin | break down | wreck | collapse | demolish | destroy |

最も一般的な単語は break です。どのようにこわれるのかなどによって、単語を使い分けましょう。

break　　こわれる、こわす

基本語としてよく使う単語。「破（れ）る、割（れ）る、折（れ）る」などの意味でも使う。
例 He broke his leg while skiing.
（彼はスキーをしていて骨折した）

smash　　砕く、砕ける

瞬間的に強い力を加えて、大きな音を立てて砕くこと。
例 The policemen smashed the door open.
（警官たちはドアをたたきこわして開けた）

shatter　　粉砕する

ガラスなどを粉々にこわすこと。「めちゃめちゃにする」という比喩的な意味でも使う。
例 She shattered the windows with a bat.
（彼女はバットで窓を粉々にこわした）

crush　　つぶす

強い力で押しつぶしてこわすこと。
例 Can you crush the cardboard box?
（その段ボール箱をつぶしてくれる？）

crack

割る、割れる

固いものを割ったり、ひびが入ったりすること。
例 I'm not good at cracking an egg open.
（私は卵を割るのが上手ではない）

burst

破裂する

風船などが破裂したり、爆弾などが爆発したりすること。
例 The bubble burst and the economy suffered severe damage.
（バブルがはじけて経済は深刻な打撃を受けた）

tear

引き裂く

布や紙などを手で引き裂くこと。
rip も同様の意味。
例 I tore my shirt on a nail.
（くぎに引っ掛けてシャツが裂けた）

ruin

台無しにする

モノ・希望・名誉などに、回復不能な損害を与えること。
例 The scandal ruined his political career.
（そのスキャンダルで彼は政治生命を絶たれた）

break down

故障する

車や機械が故障して動かなくなること。
例 My car broke down and it's being repaired now.
（私の車は故障して、今は修理中です）

wreck　破壊する

事故や災害が、建造物や車などを使えなくなるほどめちゃくちゃにこわすこと。
例 The bridge was wrecked in the earthquake.
(その橋は地震でめちゃくちゃにこわれた)

collapse　崩壊する、崩壊させる

建物などが崩れて倒れること。
計画や事業などが破綻する意味でも使う。
例 The building collapsed in the earthquake.
(そのビルは地震で倒壊した)

demolish　取りこわす

建物などを、別の目的のためにこわすこと。
tear down も同様の意味。
例 The houses were demolished to build a road.
(それらの家は道路を作るために取りこわされた)

destroy　破壊する

対象物が消滅したり使えなくなったりするほど、徹底的にこわすこと。
例 The hurricane destroyed the whole town.
(ハリケーンは町全体を破壊した)

「こわれる」「こわす」の類義語

spoil は、モノなどの価値をなくしてだめにすること。The rain spoiled our trip.(雨で私たちの旅行は台無しになった)のように使います。また、split は「割る、裂く」という意味で、split a bill(割り勘にする)などと言います。

そのほか、devastate(荒廃させる)、deteriorate([品質などが]悪化する)なども類義語として一緒に覚えておきましょう。

耐える

bear	endure	put up with

bearとendureにくらべて、put up withにはくだけたイメージがあります。これらの単語や語句は、can'tと結び付けて「耐えられない」という意味で使うことも多いです。

bear | 耐える

「耐える」の一般的な単語。
苦痛などを受け入れて耐えることを意味する。
例 The boy couldn't bear the pain and cried.
（少年はその痛みに耐えられず泣いた）

endure | 耐え抜く

苦痛や困難に負けずに、長時間もちこたえること。
書き言葉で使うことが多い。
例 The runner endured to the finish.
（そのランナーは最後までがんばり抜いた）

put up with | がまんして受け入れる

bearやendureよりくだけた語句で、不快な状況などを、不平を言わずに受け入れるといったニュアンスで使う。standも類義語。
例 The victims had to put up with lots of inconveniences in the shelter.
（被災者たちは避難所で多くの不便に耐えねばならなかった）

奪う、盗む

| steal | rob | deprive |

日本語では「とる」という言葉だけで表現できますが、英語では「盗む」「奪う」「取り去る」など、意味に応じて動詞を使い分ける必要があります。どのように相手のものを「とる」のかによって、使う単語が変わります。

steal 盗む

こっそり盗むことを表す。
ちなみに、店の商品を万引きすることは steal でなく、shoplift という単語を使う。
例 Someone stole my bicycle.
（誰かがぼくの自転車を盗んだ）

rob 強奪する

金品などをむりやり奪うこと。
〈＋人など＋ of ＋モノ〉の形で使い、奪うモノは of の後ろに置く。
例 The gang robbed a bank of a lot of money.
（ギャングは銀行から大金を奪った）

deprive 奪う

人から大切なものを奪うこと。
〈＋人など＋ of ＋モノ〉の形で使う。
例 He was deprived of his sight in the accident.
（彼はその事故で失明した）

もらう

| get | receive | accept |

どれも「もらう」という意味をもつ単語ですが、受け取るときのニュアンスによって使い分けましょう。なお、get は口語的な表現のため、書き言葉では別の動詞を使うことが多くなります。

get 　得る、もらう

最も一般的に使われる単語。
他人から与えられるものにも、自力で手に入れるものにも使うことができる。
例 I got good advice from a senior club member.
（クラブの先輩からいいアドバイスをもらった）

receive 　受け取る

差し出されたものを受け取ること。
get よりも堅い響きのニュアンスがある単語。
例 I received a love letter from a classmate.
（クラスメイトからラブレターをもらった）

accept 　受け入れる

申し出や贈り物などを（喜んで）受けること。
〜 cept には「受ける」という意味がある。
例 He wouldn't accept the lawyer's advice.
（彼は弁護士の助言を受け入れようとしなかった）

3

動作・活動にかかわる表現

奪う、盗む／もらう

与える

| give | present | award | grant | offer | provide | donate |

与える相手や方法に応じて、さまざまな動詞を使い分けます。日本語では
「プレゼントする」と言いますが、present はその意味では使わない点に
注意。この場合、英語では give を使うのが正解です。

give | 与える、あげる

基本語として最も一般的な単語。
「与える」だけでなく、「プレゼントする」の意味
でも使う。
例 My father gave me a telescope for my
　　birthday.
（父が誕生日に望遠鏡をくれた）

present | 贈呈する

正式に贈ること。
個人間の贈り物には使わない。
例 The winning team will be presented with
　　a trophy.
（優勝チームにはトロフィーが贈られる）

award | 授与する

何かの賞や、賞金を正式に与えること。
例 The artist was awarded the grand prize.
（その画家は大賞を受賞した）

grant

授ける、認める

学位・年金・休暇などを、要請に応じて正式に与えること。フォーマルな場面で使う単語。

例 The government grants a monthly pension to people aged 65 or older.

（政府は 65 歳以上の人に毎月年金を支払う）

offer

提供する

援助・助言・機会などを提供すること。

例 This program offers students a good chance to study abroad.

（この計画は学生に留学のよいチャンスを提供します）

provide

供給する

人に必要なモノを与える、提供すること。

例 They provided food and clothing for the victims.

（彼らは被災者に食料と衣類を提供した）

donate

寄付する

人助けのために、お金などを他人や組織に提供すること。

例 I donate 1,000 yen to the NPO every month.

（私は毎月その NPO に千円寄付している）

074

得る、手に入れる

| get | take | gain | obtain | earn | secure | acquire | master |

get が最も基本的な単語です。そのほかの動詞は get より「努力して価値のあるものを手に入れる」というニュアンスをもつものが多いです。

get

手に入れる、買う

努力して、または偶然に手に入れること。くだけた響きで、話し言葉でよく使う。
例 How did you get the ticket?
(そのチケットをどうやって手に入れたの？)

take

手に取る

「手に取る」以外にも、「休みを取る」などの比喩（ひゆ）的な意味でも使う。
例 He took a key out of his pocket.
(彼はポケットから鍵を取り出した)

gain

（有益なものを）獲得する

長期間努力して、大切なもの・有益なものを手に入れること。
例 He gained a reputation as a novelist.
(彼は小説家として名声を得た)

obtain

獲得する

努力や計画を通じて、欲しいと思っていたものを手に入れる、というニュアンスを含む。
例 The old book is difficult to obtain now.
(その古い本は今では入手困難だ)

earn ▶ 得る、かせぐ

お金や名誉など、価値あるものを手に入れること。
例 He earns more than six million yen a year.
（彼は年に 600 万円以上かせいでいる）

secure ▶ 確保する

望みのものを努力して手に入れること。
「長い時間確保する」というニュアンスをもつ。
例 I've secured some tickets to the Olympic
　　Games.
（オリンピックのチケットを何枚か確保している）

acquire ▶ 獲得する、習得する

知識や技能などを、努力して獲得すること。
例 It takes a long time to acquire
　　communication skills in a foreign
　　language.（外国語のコミュニケーション能力
を身につけるには長い時間がかかる）

master ▶ 習得する

技能や外国語などを完全に自分のものにすること。
例 It's difficult to master English
　　conversation.
（英会話を習得するのはむずかしい）

**会話でよく使う表現
「get」を使いこなそう！**

　get は「得る」という意味から、ある状態になることや誰かに何かをしてもらうような場合にも使われます。
I got sick on the bus.

（バスで気分が悪くなった）
→ sick な状態を手に入れた
I got my father to help me
with my homework.
（父に宿題を手伝ってもらった）
→父が私を手伝うことを手に入れた

見つける

find　find out　discover　detect　catch　spot　locate　come across

多くの語句は、find で代用できることが多いです。ただし、find と find out では使い方が違うので注意しましょう。

find　見つける、わかる

探し物などを偶然見つけたり、研究などを通じて発見したりすること。
例 I've found a good job.
（いい仕事を見つけたんだ）

find out　（調査して）見つける

観察や調査などによって情報を見つけること。探し物を見つける場合には使わない。
例 He found out that he was wrong.
（彼は自分が間違っているとわかった）

discover　発見する

それまで知られていなかったコト、見えていなかったモノなどを新たに見つけること。
例 A lot of fossils were discovered in the area.
（その区域で多くの化石が発見された）

detect　見つける、発見する

悪事などを発見すること。また、感覚的にとらえにくいものを感知するときも使う。
例 The shutter automatically closes when smoke is detected.
（煙が感知されるとシャッターは自動的に閉まる）

catch

（偶然）見つける

人が悪いことなどをしているのを偶然発見すること。〈＋人＋〜 ing〉の形で使う。

例 The boy was caught cheating on the test.
（その少年はテストでカンニングしているところを見つかった）

spot

見つける、突き止める

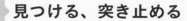

苦労して、またはちらりと見てモノのありかを見つけたり、人を見分けたりすること。

例 I managed to spot her in the crowd.
（私はどうにか人混みの中で彼女を見つけた）

locate

（場所を）見つける

人やモノの存在する場所を特定すること。
loc には「場所」という意味がある。

例 I can't locate the file.
（そのファイルの［保存］場所が見つからないんだ）

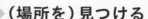

come across

偶然見つける、出くわす

意識的に探してはいないものを、偶然に見つけること。

例 I came across an old album in the drawer.
（引き出しの中で古いアルバムを見つけた）

---

detector は「感知器」

動詞に –er や -or などを加えると、「〜する人」「〜するための道具」という意味になります。つまり detector は「感知するための装置」となり、「感知器」や「検出器」を表します。例えば、smoke detector は「煙感知器」、metal detector は「金属探知器」、lie detector は「うそ発見器」という意味です。ちなみに、うそ発見器は polygraph とも言います。

探す

| look for | search | seek |

一番くだけた表現は look for です。search や seek はやや堅い響きの単語で、書き言葉としてよく使われます。探し求める対象や程度によって、使い分けられるようになりましょう。

look for ▶ 探す

「探す」の意味の一般的な表現。
対象がヒト、モノどちらでも使う。
例 We're looking for a good restaurant around here.
（このあたりでおいしいレストランを探しているんです）

search ▶ 捜索する

場所やモノを注意深く、徹底的に探すこと。
後ろには場所を表す言葉を置くことが多い。
例 The police searched the building for clues.
（手がかりを求めて警察がその建物を捜索した）

seek ▶ 探す、求める

探して得ようとすること。
物理的なものよりも、欲望や助言など、目に見えないものに対して使うことが多い。
例 Why don't you seek advice from an expert?
（専門家に助言を求めてはどうですか？）

追いかける

| follow | chase | pursue | track |

follow は「後ろについて行く」という意味で使いますが、そのほかの動詞は「捕らえようと追いかける」ことを前提としているところがポイントです。

follow — ついて行く

人の後ろについて行く（つき添う）こと。
例 I felt as if someone was following me.
（誰かが私のあとをついて来ているような気がしたの）

chase — 追いかける

逃げているものを捕らえようと、（走って）追いかけること。
例 She chased the robber and caught him.
（彼女は強盗を追いかけてつかまえた）

pursue — 追求する

捕らえようとして追いかけること。
利益や目的などを追い求めるときにもよく使う。
例 He encouraged his son to pursue his
　 interest in science.
（彼は息子に科学への興味を追求するよう勧めた）

track — 追跡する

（足）跡をたどって追いかけること。
例 The hunters tracked the bear.
（ハンターたちはそのクマの足跡をたどった）

逃げる、避ける

escape　run away　flee　take shelter　be evacuated　avoid　evade　keep away

「〜から逃れる」という意味で使われるため、from を後ろに置いて使うことが多いです。何から逃げるのかなどによって、使い分けましょう。

escape ▶ 逃げる

拘束や危険から逃れること。
get away もほぼ同じニュアンスの語句。
例 No prisoner has ever escaped from the prison.
（その刑務所から脱獄した囚人は一人もいない）

run away ▶ 走り去る、逃げて行く

away が「離れる」の意味をもつので、走って離れていくようなイメージ。
例 He ran away from home when he was sixteen.
（彼は 16 歳のときに家出した）

flee ▶ （危険から）逃げる

危険な場所を離れること。
おもに書き言葉で使う。
例 Many people fled the country because of the civil war.
（内戦のため、多くの人が国から逃げ出しました）

take shelter ▶ 避難する

危険や悪天候などから逃れて、安全な場所へ行くこと。
例 I took shelter from the rain under a tree.
（私は木の下で雨宿りをした）

be evacuated （指示に従って）避難する

災害時などに、指示に従って安全な場所へ避難すること。
例 **The residents** were evacuated **to the community center.**
（住民たちは公民館へ避難した）

avoid 避ける

悪いことが起こらないように避けること。
また、近づかないこと。
例 **I don't know why she is trying to** avoid **me.**
（彼女がなぜぼくを避けようとしているのかわからない）

evade （義務などから）逃れる

法的な義務などから（巧妙に）逃れること。
例 **A lot of people try to** evade **taxes.**
（脱税しようとする人がたくさんいる）

keep away 近寄らない

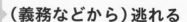

好ましくない人やモノと離れた状態を保つこと。
stay away も同様の意味。
例 Keep away **from the dangerous zone.**
（危険区域に近づいてはいけない）

---

evacuate の語源

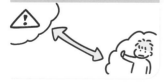

「避難する」意味の be evacuate ですが、evacuate 自体は「空（から）にする」という意味の単語です。語源として分解してみてみると、e（外に）＋ vac（空の）＋（u)ate（〜にする）となります。この e（外へ）は ex・es・ec なども同じ意味で、exit（出口）、escape（逃げる）など、外へ出る、逃げる、といったイメージをもつ単語によく使われています。

つかむ、捕らえる

| hold | grip | grab | clutch | pick up | catch | capture | trap | arrest |

hold や grip など「握る」というニュアンスと、catch や capture など「捕らえる」というニュアンスの違いに大きく分けられます。

hold 　握る

手でモノを握る場合に使う一般的な単語。
例 Hold on firmly to the rail.
（手すりにしっかりつかまりなさい）

grip 　（しっかり）握る

離さないように、しっかりと握ること。
少しフォーマルなニュアンスがある。
例 I learned how to grip a tennis racket.
（私はテニスラケットの握り方を習った）

grab 　（手荒く）つかむ

手荒くつかむ（ひったくる）こと。
snatch、seize も近しい単語。
例 Someone suddenly grabbed her bag.
（誰かが突然、彼女のバッグをつかんだ）

clutch 　つかむ

（危険な状況などで）手で何かをぎゅっと握る（わしづかみにする）こと。
例 A drowning man will clutch at a straw.
（溺れる者はわらをもつかむ）

pick up

拾い上げる

手で持って（つまんで）持ち上げること。
例 He picked up the letter and opened it.
（彼は手紙を取り上げて開いた）

catch

捕らえる

動くものをつかまえること。
例 I caught a big fish in the river.
（川で大きな魚をつかまえた［釣った］）

capture

（苦労して）捕らえる

苦労して（力づくで）捕らえること。
例 The soldiers were captured by the enemy.
（兵士たちは敵に捕らえられた）

trap

（わなで）捕らえる

動物などをわなで捕らえること。
「身動きを取れなくする」の意味でも使う。
例 The ship was trapped in ice.
（その船は氷で動けなくなった）

arrest

逮捕する

警察が犯罪者などを捕らえること。
例 The criminal hasn't been arrested yet.
（その犯人はまだ逮捕されていない）

飲む

drink　　have　　take　　sip　　gulp　　slurp　　suck　　swallow

いちばんよく使う基本的な単語は drink。have, take も「飲む」の意味で使うことがあり、ほかの動詞は飲むときの具体的な方法を表します。

---

drink

飲む

（容器に口をつけて）液体を飲むこと。
単に drink と言えば「酒を飲む」の意味になる。
例 My father used to drink a lot.
（父は昔は大酒飲みだったんだ）

---

have

（飲み物を）飲む

「動作」ではなく、飲んでいるという「状況が存在している」ことを示す。後ろに飲み物の名前を置くときは、drink の代わりによく使う。
例 Won't you have another cup of tea?
（お茶をもう一杯いかが？）

---

take

摂取する

飲食物・薬・空気などを体に取り込むこと。
例 I take this medicine three times a day.
（私は1日に3回この薬を飲みます）

---

sip

ちびちび飲む

液体をゆっくり、ちびちびと飲むこと。
また、容器の中身をすすること。
例 He sipped his wine.
（彼はワインをちびちび飲んだ）

gulp

一気に（ごくりと）飲む

（大量の）飲み物を、一気に飲み込む（または食べる）こと。
例 He gulped down the coffee and stood up.
（彼はコーヒーを一気に飲んで立ち上がった）

slurp

ずるずる飲む

音を立てて飲食物をすすること。
無作法な行為とされる。
例 Don't slurp when eating soup.
（音を立ててスープを飲むな）

suck

吸う、すする

唇をすぼめて、液体などを吸うこと。
例 The baby is sucking at the bottle.
（赤ちゃんが哺乳瓶を吸っている）

swallow

飲み込む

食べ物や飲み物が「喉を通って胃に入る」というところに重点を置く表現。
例 I can't swallow pills without water.
（私は水がないと錠剤を飲み込めない）

スープは飲み物？ 食べ物？

　drink は容器に直接口をつけて液体を飲むことを表します。例えば、「スープを飲む」と言う場合、カップスープなら drink soup と言えますが、スプーンを使って（お皿から）飲むときは eat soup または have soup を使います。
　また「薬を飲む」も、水薬などの場合であれば drink medicine と言えますが、錠剤や粉薬などは take medicine と言います。

食べる

| eat | have | feed |

eat が一般的な「食べる」の意味を表しますが、直接的な響きがあるので、have「食事をとる」を使った方が、上品に響きます。feed は人が食べるときには使わないので注意しましょう。

eat

食べる

「食べる」の意味を表す一般的な単語。
さまざまな場面、対象に使える。
例 I eat an apple every morning.
（毎朝リンゴを1個食べます）

have

食事をとる

ただ「食べる」のでなく、「食事をとる」という意味合いが強い。後ろには breakfast, lunch, dinner, meal などを置く。
例 Let's have dinner at the new restaurant.
（新しいレストランで夕食をとろう）

feed

（動物が）食べる

牛や馬などがえさを食べること。
〈＋ on〉の形で使う。
また、「えさ（食物）を与える」の意味でも使う。
例 Cows feed on grass.
（牛は草を食べる）

料理する

cook	make	fix

make は料理全般に幅広く使える単語です。それに対して、cook はサラダなどには使えません。「火」を使って調理するかどうかで使い方が変わるので、注意しましょう。

3

動作・活動にかかわる表現

食べる／料理する

cook ▶調理する

煮る・焼くなど、火を使って料理すること。
例 I helped my mother cook dinner.
（私は母が夕食を作るのを手伝った）

make ▶（料理を）作る

cook より意味が広く、料理全般を作ること。
火を使わない料理に対しても使える。
例 I'll make a vegetable salad.
（私が野菜サラダを作りますね）

fix ▶（かんたんなものを）調理する

かんたんな食べ物や飲み物を作ること。
くだけたアメリカ英語。
例 I'll fix some pasta for lunch.
（昼食にパスタを作るわ）

道具、器具

tool　　instrument　　appliance　　apparatus　　implement
device　　gadget　　utensil　　equipment

日常的な道具・機械・装置・仕掛けなどの意味に応じて、さまざまな名詞があります。「何を指すか?」をイメージして、使い分けていきましょう。

tool　　道具、手段

おもに手作業するときに使う単純な道具のこと。
例 I have no tools to cut grass.
(草を刈る道具を何も持っていないんだ)

instrument　　(精密な)器具

楽器などの精密な器具のこと。
例 I can't play any musical instruments.
(楽器は何も演奏できません)

appliance　　(電気)器具

おもに家庭用電気器具のこと。
例 The shop sells all kinds of electrical appliances.
(その店では、あらゆる種類の電気器具を売っている)

apparatus　　器具、用具

特定の目的に必要な道具一式のこと。
実験器具を指すことが多い。
例 The laboratory is equipped with expensive apparatus.
(その実験室は高価な器具がそろっている)

implement ▶（おもに野外の）道具

おもに屋外での作業（例えば農作業）に使う道具のこと。
例 Ancient people made various implements from animal bones.（古代の人々は、動物の骨からさまざまな道具を作った）

device ▶装置

特定の目的に必要な機械装置や仕掛け。比較的小さなものを指すことが多い。
例 They developed a new device for detecting landmines.
（彼らは地雷を発見する新しい装置を開発した）

gadget ▶道具、小物

役に立つ小さな道具や装置など。「気の利いた仕掛け」というニュアンスの口語的な単語。
例 This is a useful office gadget.
（これは役に立つ事務用品だね）

utensil ▶（家庭）用具

おもに家庭（とくに台所）用品のこと。
例 The store sells various kitchen utensils.
（その店ではさまざまな台所用品を売っている）

equipment ▶装置、設備

特定の目的に必要な装置や設備一式のこと。日常的には stuff や things で言い換えることも多い。
例 You can rent camping equipment at the shop.
（その店ではキャンプ道具を借りることができる）

運ぶ

| carry | transport | deliver |

carry が一般的な単語ですが、運ぶ手段・目的によって使う単語が変わるイメージです。接頭辞の trans-「向こう側へ」や de-「離れて」を知っておくと、理解しやすくなります。

carry 運ぶ

「(手に持って)持ち運ぶ」「携行する」「(乗り物が人を)運ぶ」などの意味。類義語の convey はよりフォーマルなニュアンスの単語。
例 I carried my suitcase to my room.
(スーツケースを部屋へ運んだ)

transport 輸送する

船・飛行機・列車・トラックなどで、荷物や人を運ぶこと。trans- は「向こう側へ」を意味する接頭辞で、transmit(伝達する)などさまざまな単語に使われる。
例 The crude oil is transported by ship.
(原油は船で輸送されます)

deliver 配達する

荷物を家やオフィスなどに届けること。
de- は「離れて」という意味の接頭辞。
例 I had the furniture delivered to my house.
(家具を自宅へ配達してもらった)

引く

これらの動詞は「引っ張る」という意味をもちますが、力の入れ具合や動かし方に応じて、ニュアンスが異なってきます。

3

動作・活動にかかわる表現

運ぶ／引く

pull

（力をこめて）引く

一気に力をこめて、自分の方へ引っ張ること。
例 He pulled the rope and tied it to the tree.
（彼はロープを引っ張って木に結んだ）

draw

（軽く）引く

一定の方向へ軽く引くこと。pull より堅い響きの単語で、方向を表す副詞とセットでよく使う。
例 She drew down the blind.
（彼女はブラインドを引き下げた）

haul

（ゆっくりと）引く

ある程度重いモノを、手や機械でゆっくり引くこと。「たぐり寄せる」といった意味もある。
例 They hauled the wood to the mill.
（彼らは材木を製材所へ運んだ）

drag

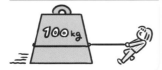

引きずる

重いものをずるずると引きずって運ぶこと。
例 I dragged the heavy trunk to my room.
（私は重いトランクを部屋まで引きずっていったんだ）

仕事、職業

work　job　labor　task　position　profession　vocation　career　business

「仕事」の意味の基本的な単語は work と job。専門的な仕事か、単なる割り当てられた仕事かなどで、さまざまなニュアンスの違いがあります。

work — 仕事、労働

「仕事」を意味する一般的な単語。
例 I have a lot of work to do today.
（今日は仕事がたくさんあるんだ）

job — 仕事、職業

給料をもらって行う仕事、職業のこと。
「(むずかしい) 仕事」の意味でも使う。
例 My job is buying and selling used cars.
（私の仕事は中古車の売買です）

labor — 労働

体を使う (つらい) 仕事のこと。
例 Child labor is prohibited by law.
（児童労働は法律で禁止されている）

task — 任務、課題

割り当てられた仕事や義務のこと。
例 I've already finished my task.
（私の仕事はもう終わりました）

position 職務

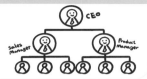

組織内での専門性のある特定の仕事のこと。
例 She applied for the position as an accountant.
（彼女は会計士の仕事に応募した）

profession （専門）職

医者や教師などの専門的な職業のこと。
例 She entered the legal profession.
（彼女は法律関係の仕事についた）

vocation 天職

一生をかけて行う職業（に対する適性）のこと。
フォーマルな響きの単語。
例 She has a vocation for teaching.
（彼女は教師に向いている）

career （一生の）仕事

専門性があり、一生続けるような仕事のこと。
例 He chose a career in farming.
（彼は農業の仕事を選んだ）

business 〜業

前に形容詞を置いて、特定の業界を表す。
「商売、ビジネス」の意味もある。
例 She is engaged in financial business.
（彼女は金融業に携わっている）

087
扱う、処理する

handle　treat　operate　manipulate　manage　deal with　cope with

「取り扱う」「操縦する」などの意味に応じて動詞を使い分けます。なお、deal と cope は、前置詞の with と結び付けて使います。単体では使わないので注意しましょう。

handle　（手で）扱う

手で何かを扱うこと。handle a problem（問題を扱う）のように、形のないものにも使う。
また、店などが商品を売買することも意味する。
例 This fire extinguisher is easy to handle.
（この消火器は使いやすいね）

treat　（特定の方法で）扱う

人やモノを特定の方法で扱うこと。
副詞（句）とともに使うのが普通。
例 I don't like being treated like a child.
（子ども扱いされたくないの）

operate　操作する

機械を取り扱うこと。
ちなみに、oper は「働く」という意味の語根。
例 This printer is difficult to operate.
（この印刷機は操作しにくい）

manipulate 〉（不正に）操作する

人・市場などを不正に操作すること。
また、機械などを巧みに扱うこと。
例 Social media can manipulate public opinion.
（ソーシャルメディアは世論を操作しうる）

manage 処理する、管理する

扱いにくい人やモノをうまく処理、操縦すること。
また、店や組織などを管理すること。
例 It isn't easy to manage work and family life at the same time.
（仕事と家庭生活を両立することはかんたんじゃないよ）

deal with 〉（積極的に）処理する、扱う

むずかしい問題や状況に積極的に対処すること。
また、本などが特定の問題を扱うこと。
例 This book deals with the history of agriculture.
（この本は農業の歴史を扱っている）

cope with 〉対処する

むずかしい問題や状況にうまく対応すること。
「耐える」といったニュアンスがある。
例 We can't cope with all the orders.
（私たちは全部の注文には応じきれない）

使う

| use | make use of | spend | waste | exhaust |

use が最も一般的に使う単語です。なお、use, spend, waste は話し言葉でも書き言葉でもよく使う単語で、ほかの2つは堅い響きのある語句のため、おもに書き言葉で使います。

---

use 使う

「使う」の意味の一般的な単語。
例 Can I use this chair?
（このいすを使っていい？）

---

make use of 利用する

うまく使うこと。特定の目的を達成するために何かを使う場合に用いることが多い。
utilize も同じ意味だが、少し堅いニュアンス。
例 Building wind turbines is a good way to make use of wind power.
（風力タービンを建設するのは風力を活用するよい方法だ）

---

spend 費やす

買い物や支払いのためにお金を使うこと。
「時間を費やす」場合にも用いる。
例 I spent a lot of money on the trip.
（私は旅行で大金を使った）

waste

浪費する

お金や時間などを必要以上に使いすぎること。

例 Don't waste your time playing games.
（ゲームに時間を浪費してはいけない）

exhaust

使い果たす

資源・力・お金などをすべて使い切ること。
use up も同じ意味で使う。

例 Humans might exhaust natural resources someday.
（人間はいつか天然資源をすべて使い果たすかもしれない）

make use of の形
「動」「名」「前」はいろいろある

make use of は use と似た意味ですが、おもに書き言葉で「（何かの目的のために）利用する」という意味を表すのに使われる表現です。

また、この make use of は〈動詞＋名詞＋前置詞〉の形で、一つの動詞と同じような働きをしています。この種の表現はたくさんあるので、ほかのパターンも一緒に覚えておきましょう。

She takes care of her grandmother.
（彼女は祖母の世話をしている）
Pay attention to his advice.
（彼の助言に注意を払いなさい）
He always finds fault with others.
（彼はいつも他人を非難している）
I finally caught sight of a bus stop.
（私はやっとバス停を見つけた）
I couldn't take part in the event.
（私はそのイベントに参加することができなかった）

持つ

have	hold	own	keep

have がよく使う単語ですが、「手に持つ」ような場合は hold の方が合います。また、own は堅い響きをもつ単語です。

have 持っている

「持つ」の一般的な単語。
有形・無形のモノ両方に使う。
例 She has a cute puppy.
（彼女はかわいい子犬を飼っている）
例 I have a cold.（風邪をひいています）

hold 手に持つ、保持している

モノを手に持って（腕に抱えて）いること。
また、財産・権力などを保持していること。
例 The criminal was holding a gun in his hand.
（犯人は手に銃を持っていた）

own 所有している

法的な所有権をもっていること。
よりフォーマルな単語として possess もある。
例 Who owns this building?
（このビルの所有者は誰ですか？）

keep 持っておく

手元から離さずに持っておくこと。
カタカナ言葉の「キープする」に近い意味。
例 Can I keep this photo?
（この写真、[返さずに]持っていてもいい？）

取り除く、消す

remove	delete	omit

消す対象のモノや、消す目的によって、それぞれ異なるニュアンスをもちます。いらないものを「取り除く」のか、「削除する」のか、「省略する」のかを考えて、使い分けましょう。

remove　取り除く

不要なものを取り去ること。
take away, eliminate も同じ意味で使う。
例 His name was removed from the list.
（彼の名前はリストから削除された）

delete　削除する

書いたものやコンピュータ上の情報を消去すること。erase も類義語。
例 I might have deleted the data by mistake.
（間違えてデータを消去したかもしれない）

omit　省略する

わざと、または不注意によって、特定の情報などを含めないこと。
leave out も同じ意味で使える。
例 This preposition can be omitted.
（この前置詞は省略できる）

捨てる

| throw away | get rid of | dispose of | dump |

ごみや不用品などを、捨てたり処分したりする場合に使います。投げ捨てるのか、取り除くのかなどといったニュアンスで使い方が変わります。

throw away 捨てる

ごみや不要になったモノを捨てること。「離れたところへ投げる」というニュアンス。
例 Don't throw away cigarette butts on the road.
（路上にたばこの吸い殻をポイ捨てするなよ）

get rid of 処分する

悪いものや不要なものを、取り除いたり取りこわしたりすること。
例 It's time to get rid of these old books.
（これらの古い本は捨ててもいい頃だ）

dispose of 廃棄する

処分しにくい不要なものなどを捨てること。
例 It is difficult to dispose of plastic waste.
（プラスチックごみは処分しにくい）

dump 投棄する

ごみなどをどさっと投げ降ろすこと。くだけた表現では「（恋人を）ふる」という意味でも使う。
例 Some people dump waste into the river.
（川に廃棄物を捨てる人がいる）

妨げる

| prevent | block | disturb | interrupt |

「妨害する、じゃまをする」というネガティブな意味をもつものが多いですが、prevent は「予防する」という意味でも使います。

prevent ▶ 妨げる、防ぐ

何かが起きることや、誰かの行動を事前に止めること。
例 The firefighters tried to prevent the fire from spreading.
（消防士たちは火事が広がるのを防ごうとした）

block ▶ 遮る

障害物などが、道路や視界などを妨害すること。
例 That building blocks the ocean view.
（あのビルが海の眺めを遮っているんだ）

disturb ▶ 妨害する

平穏な状態（睡眠など）をかき乱すこと。
例 The construction noise disturbed my sleep.
（工事の音が私の睡眠を妨げた）

interrupt ▶ 中断する

話を遮ったり、事態の進行などを一時的に停止させたりすること。
例 I'm sorry to interrupt you.
（［お話し中、］邪魔してすみません）

守る

| protect | defend | preserve | guard | shield | save | safeguard |

守るモノの対象や、どのように守るのかといった違いで、それぞれの単語を使い分けます。なお、「決まりを守る」のような意味を表す語句については、「従う」（→ P24）の項目で扱います。

protect　守る

モノや場所などに危険や脅威が及ばないように、安全な状態に保つこと。
例 We must protect the sea from pollution.
（私たちは海を汚染から守らねばならない）

defend　防衛する

有形・無形のモノを、敵の攻撃や危険なものから守ること。
例 We must defend democracy from totalitarians.
（私たちは民主主義を全体主義者から守らねばならない）

preserve　保護する、保存する

自然や建物などを破壊から守り続けること。
例 How can we preserve the natural environment?
（どうすれば自然環境を守れるだろうか？）

guard

番をする、見張る

危険や盗難などが起こらないように、人・モノ・場所などをそばにいて見張ること。

例 Two policemen were guarding the entrance.

（2人の警官が入り口を警備していた）

shield

防御する

盾（=shield）になるものを使って、危険や不快なものから守ること。

例 Sunglasses are useful for shielding your eyes from the sunlight.

（サングラスは日光から目を守るのに役立つ）

save

守る（救い出す）

危険な状態にあるものを安全に保ったり、救い出したりすること。

例 The building was saved from being burned down.

（その建物は全焼を免れた）

safeguard

守る

利益や権利などに害が及ばないよう守ること。

例 Their rights are safeguarded by law.

（彼らの権利は法律で守られている）

094

維持する

| keep | maintain | retain | sustain |

最も口語的な単語は keep で、それ以外は書き言葉で使うことが多いです。なお、多くの単語の後半に付く –tain は、「保つ」の意味の語源です。

keep 　持っておく、（ある状態を）保つ

「保つ」という意味の一般的な単語。
例 Keep the change, please.
（おつりは取っておいて）

maintain 　維持する

水準などを現状のまま保つこと。「メンテナンス」という言葉もこの意味からきている。
例 The government has to maintain the level of education.
（政府は教育水準を維持しなければならない）

retain 　保持する

失わないように保つこと。堅い響きの単語で、日常的には keep で代用することが多い。
例 The rebel group retains control of the region.
（反乱軍はその地域の支配を続けている）

sustain 　生命を維持する、養う

もともとは「（重さなどを）支える」の意味。家計を支えるという意味でも使う。
例 His income wasn't enough to sustain his family.
（彼の収入は家族を養うには不十分だった）

助ける

help	save	aid	assist

help, save は「助ける」関与の度合いが大きい単語。aid や assist は「補助する」というニュアンスが強いので注意して使い分けましょう。

help

助ける、手伝う

「助ける」という意味の一般的な単語。
〈give ＋人＋ a hand〉でも同じ意味になる。
例 Can you help me with the dishes?
（皿洗いを手伝ってくれる？）

save

救助する

危険から助け出し、安全な状態にすること。
rescue も類義語。
例 The firefighters saved the boy from the fire.
（消防士たちはその少年を火事から助けた）

aid

援助する

（資金面などで）間接的に助けること。
困っている人々を助けるときによく使う。
例 A lot of people aided them in their research.
（多くの人々が彼らの研究を援助してくれた）

assist

補助する

人の仕事などを補助的に手伝うこと。
日常的には help で代用することが多い。
例 My uncle assisted me in studying abroad.
（叔父が私の留学の世話をしてくれたの）

やめる

| stop | quit | give up | resign | cancel | break off | suspend |

「やめる」内容によって使う単語が微妙に変わります。stop がよく使われる単語ですが、quit の方がくだけた響きをもっています。「〜するのをやめる」の意味で使うときは、stop, quit の後ろには動名詞を置きます。

stop　やめる

「やめる」の意味の一般的な単語。
再開する可能性を含むので、「一旦やめる」というイメージがある。〈+〜ing〉の形で使う。
例 I stopped watching the TV and turned off the light.
（私はテレビを見るのをやめて明かりを消した）

quit　やめる（もう行わないと決める）

「もう行わない」と決めてやめること。
「退職する」の意味でも使う。
〈+〜ing〉の形で「〜するのをやめる」となる。
例 I don't know why she quit (her job).
（彼女がなぜ仕事をやめたのかわからないんだ）

give up　やめる（断念する）

きっぱりあきらめてやめること。
また、以前から続けてきた行動や習慣などをやめること。
例 He seems to have given up his dream.
（彼は自分の夢をあきらめたようだ）

152

resign ▶ 辞職する

仕事や会社を自発的にやめること。
ちなみに、定年退職するときは retire を使う。
例 The CEO resigned because of the
scandal.
（CEO はそのスキャンダルのせいで辞任した）

cancel ▶ 取り消す

事前に予約を取り消したり、予定を中止したりすること。call off も同様の意味で使える。
例 Today's game has been canceled.
（今日の試合は中止になりました）

break off ▶ 中断する

話を途中でやめたり、交際をやめたりすること。
例 The two nations might break off
diplomatic relations.
（両国は外交関係を絶つかもしれない）

suspend ▶ 停止する

続いていたものを（短期間）中断すること。
また、学校を停学になる場合にも使われる。
例 The student was suspended from school
for a week.
（その生徒は 1 週間の停学になった）

育てる

| raise | bring up | breed | grow |

人間を育てる場合は raise, bring up を使います。breed は動物を育てるときに使い、grow は植物を育てるときに使います。

raise ▶育てる

子どもや動植物を育てること。
rear も類義語だが、raise はおもにアメリカで、rear はイギリスで使われる。
例 This is a good place to raise children.
（ここは子育てによい場所です）

bring up ▶養育する

おもに親が子どもを育てること。
子どもから大人まで育てるイメージの語句。
例 My mother died young and
　　my grandmother brought me up.
（母が若いとき死に、祖母が私を育ててくれた）

breed ▶飼育する

おもに動物を飼育して繁殖させること。繁殖させたペットなどを売る業者は breeder という。
例 It is difficult to breed tuna.
（マグロの養殖はむずかしいね）

grow ▶栽培する

植物を育てること。似た意味の cultivate は、作物や水産物を育てるときに使う。
例 We grow various vegetables on this farm.
（この農場ではさまざまな野菜を育てています）

習慣

| custom | habit | practice | convention |

よく使われる単語は custom と habit です。custom は社会的な習慣を表すことが多く、habit は個人の習慣を表すことが多いです。

custom ▶ 社会的習慣

特定の社会の中で、伝統的に行われている習慣のこと。
例 The custom of drinking tea is seen around the world.
（お茶を飲む習慣は世界中に見られますね）

habit ▶ 個人的習慣

個人が習慣的に行っている習慣やクセのこと。
例 He has a habit of biting his nails when irritated.
（彼にはいらいらすると爪をかむクセがあるんだ）

practice ▶ 慣習、風習

社会や宗教などの特定の分野で通常行われている物事のやり方のこと。
「組織的な習慣」というイメージ。
例 This business practice is unique to Japan.
（この商習慣は日本に特有のものだ）

convention ▶ 慣例、因習

社会や芸術の中に、伝統的に存在するしきたりのこと。
例 More writers violate literary conventions.
（文学的慣習を破る作家が増えている）

付き合う

| go out | keep company | socialize | associate |

恋人としての「付き合う」、相手をする意味の「付き合う」、社交としての「付き合う」など、状況によって使う語句が異なります。

go out　付き合う、デートする

おもに男女が恋人として付き合うこと。
「〜とデートする」は go out with などと使う。
例 Rika has been going out with Yuta for over a year.
（リカはユウタと1年以上付き合っているんだ）

keep company　付き合う、付き添う

誰かと一緒にいて、相手をすること。
例 I kept my niece company at the amusement park.
（私は遊園地で姪に付き合った）

socialize　交際する

社交として付き合うこと。
mix も同様のニュアンスをもつ。
例 Fewer people socialize with their neighbors.
（隣人と付き合う人が減っている）

associate　交際する

社交として、また個人的に付き合うこと。よく「悪い仲間と付き合う」という意味で使われる。
例 I don't want my son to associate with them.
（私は息子に彼らと付き合ってほしくない）

会う

| meet | see | come across |

meet は「約束して会う」というニュアンスが強い単語です。一方、see は「見かける」という意味でよく使いますが、「（医者などに）面談する」という意味もあります。

meet　会う

「会って話をする」というニュアンス。
初対面の人と会うときには meet を使う。
例 Nice to meet you.（初めまして）
例 I met him at the café.
（喫茶店で［約束して］彼に会った）

see　（一方的に）会う

片方が一方的に会いに行く、というイメージが強い。医者に行く場合のように、会う「目的」に重点が置かれる単語。
例 You should see a doctor.
（医者にみてもらう方がいいよ）

come across　偶然会う

人に偶然会うこと。
run into, run across なども同様の意味の語句。
例 I came across a friend from high school today.
（今日、高校時代の友人に偶然会った）

別れる

| leave | break up | divorce | separate |

leave は「その場を去る」というニュアンスがあり、そのほかの語句は「別々になる」というニュアンスがあります。

leave 別れる、去る

人の元を去って関係を終わらせること。主語にくる人が一方的に、ある人の元を去るイメージ。
例 He left me for another woman.
（彼は私と別れて別の女性とくっついた）

break up 別れる、解散する

恋人や夫婦が別れたり、グループが解散したりすること。leave よりもくだけたイメージがある。
例 It is rumored that the band may break up.
（そのバンドは解散するかもしれないとうわさされている）

divorce 離婚する

夫婦が法的な手続きを経て、婚姻関係を終わらせること。get divorced とも言う。
例 She says she wants to divorce her husband.
（夫と離婚したいと彼女は言う）

separate 別れる

ある場所で別れて違う方向へ行くこと。また、別居すること。
例 We separated at the intersection.
（私たちはその交差点で別れた）

起こる

| happen | occur | break out | arise |

基本語は happen と occur ですが、occur の方が堅いイメージです。
occur, arise は、おもに書き言葉で使われます。

happen ▶（偶然）起こる

出来事が偶然起こること。
意外性を重視した表現。
例 I feel something good will happen to me.
（何かいいことが起きそうな気がする）

occur ▶ 起こる

happen よりも堅い響きの単語。
自然現象などに使われることが多い。
例 Tornados sometimes occur at this time
　　of year.
（1年のこの時期には竜巻が時々起こる）

break out ▶ 突発する

戦争や災害などが突然起こること。
例 The Pacific War broke out in 1941.
（太平洋戦争は 1941 年に起こった）

arise ▶（〜から）起こる

問題などが、ある原因によって起こること。原因
の方に重点がある。result, stem も近い意味。
例 The fight arose from a misunderstanding.
（その争いは誤解から生じた）

集まる、集める

`gather` `get together` `assemble` `crowd` `collect` `raise` `focus` `accumulate`

「集まる」「集める」という意味では、gather が最も幅広く使える単語です。
集まる対象などによって、これらの単語・語句を使い分けましょう。

gather ▶ 集まる、集める

散らばっているものが1か所に集まる、または寄せ集めること。
例 We need to gather more information about the matter.（私たちはその件に関する情報をもっと集める必要がある）

get together ▶ 集合する

人が社交を目的として集まること。
例 We get together and have a drink once a month.
（私たちは月に一度、集まって酒を飲む）

assemble ▶ （集会に）集まる

特定の目的で人が（集会に）集まること。
例 The new employees assembled for the initiation ceremony.
（新入社員たちは入社式のために集まった）

crowd ▶ 群がる

人や生き物が、無秩序に集まること。
例 The reporters crowded around the politician.
（記者たちはその政治家のまわりに群がった）

collect

収集する

モノや情報などを、取捨選択して集めること。
例 The volunteers collected trash in the park.
（ボランティアたちは公園でごみを集めた）

raise

（資金を）集める

特定の目的のために、お金を集めること。
例 They are raising money for the construction of an animal shelter.
（彼らは動物保護施設の建設のために募金を集めている）

focus

集中する

注意・関心などを1点に集めること。
例 The video focused national attention on this small town.
（その動画を通じてこの小さな町に全国の関心が集まった）

accumulate

蓄積する

長い時間をかけて、モノや情報などが積み重なること。
例 The researchers have accumulated a large amount of data.
（研究者たちは大量のデータを集めてきた）

「集まる」「集める」の類義語

focus に似た意味の concentrate は、意識や努力などを集中させること。日本語でも「コンセントレーション（集中力）を高める」などと言いますね。

また、別の類義語 rally は、特定の目的や運動のために人が結集すること。Lots of people rallied to join the demonstration.（デモに参加するために多くの人々が集まった）のように使います。

貸す

| lend | rent | lease | loan |

rentには「貸す」「借りる」の両方の意味があるので、「貸す」の意味を明確にしたいときはoutを加えます。lease, loanも同様です。

---

lend

貸す

モノやお金などを無料で貸すこと。
例 Can you lend me your car?
（車を貸してくれない？）

---

rent

賃貸しする（比較的短期で）

車・家・土地などを有料で貸すこと。
例 She rented out a spare room to a student.
（彼女は空き部屋を学生に貸した）

---

lease

賃貸しする（比較的長期で）

契約を結んで、建物・土地などを有料で貸すこと。
rentより長い期間貸すニュアンスがある。
例 This land has been leased (out) from a local company.
（この土地は地元の会社から貸し出されたものだ）

---

loan

貸し付ける

銀行などが、利子を取ってお金を貸し付けること。
モノを貸す際に用いられることもある。
例 The bank has loaned our company 300 million yen.
（銀行は当社に3億円を融資した）

借りる

| borrow | rent | hire | charter |

borrow は無料で借りることで、ほかの動詞は有料で借りることを表します。有料で借りる場合も、どのように借りるかで単語を使い分けましょう。

borrow ▶ 借りる

モノやお金を無料で借りること。
「借りて持って行く」ニュアンスなので、動かせないものには使わない。
例 I borrowed some books from the library.
（図書館から本を何冊か借りた）

rent ▶ 賃借する

モノ・家・土地などを有料で借りること。
例 I rent this apartment for 70,000 yen a month.
（月7万円でこのアパートを借りています）

hire ▶ （一時的に）賃借する

お金を払って一時的に借りること。おもにイギリス英語で、乗り物などを借りる場合に使う。
例 How about hiring a car?
（車を借りるのはどうかな？）

charter ▶ 借り上げる

バスや船などの乗り物を、団体で使うために一時的に有料で借りる場合に使う。
例 We chartered two buses for our company trip.
（社内旅行のためにバスを2台借り上げた）

 **106**

受ける

| take | have | suffer | undergo |

take と have は特定の名詞と結びついて「受ける」の意味になります。「何を受けるのか」といった状況によって使い分けましょう。

take　　受け（取）る

試験・レッスンなどを受けること。また、言葉などを特定の意味に解釈するときも使う。
例 You take things too seriously.
（君は物事をまじめに考えすぎだよ）

have　　（手術・面接などを）受ける

手術・面接などを受けること。
例 I have a job interview next Monday.
（来週の月曜日に採用面接を受けます）

suffer　　（害などを）受ける

損害や痛みを受ける、または経験すること。
例 They suffered a big loss because of the failure.
（彼らはその失敗で大損害を受けた）

undergo　　（苦痛をともなうことを）受ける

おもに苦痛をともなうことを経験すること。
例 Our society has been undergoing great change in recent years.
（私たちの社会は近年大きな変化を受けている）

～させる

| make | let | have | get |

強制の度合いなどによって使い分けます。make, let, have は後ろに〈人＋動詞の原形〉の形を置いて使いますが、get は to 不定詞が続きます。

make

（むりやり）～させる

人に特定の行動を強制すること。force でも同じニュアンスだが、〈人＋ to do〉の形になる。
例 He made me sign the contract.
（彼は私にその契約書に［むりやり］署名させた）

let

～するのを許す、～させておく

人が特定の行動を取るのを許すこと。
allow も同じだが、〈人＋ to do〉の形で使う。
例 My parents won't let me go.
（両親は私が行くのを許してくれないだろうな）

have

～させる、～してもらう

目下の人や係の人に頼んだりして、何かをさせる・してもらうこと。
例 I'll have someone correct the data.
（誰かにデータを修正させます）

get

（説得して）～してもらう

人を説得して何かをさせること。get には「（努力して）手に入れる」ニュアンスがある。
例 I couldn't get my boss to say yes.
（上司に承諾してもらえなかった）

禁じる

| forbid | prohibit | ban |

forbid は個人的に禁じるときに使う単語で、prohibit と ban は公に禁止するときに使う単語。prohibit と ban では ban の方が有害さの度合いが高いイメージです。

---

forbid 禁じる

法的な効力とは関係なく、個人的に許可しないこと。〈＋人＋ to do〉の形で使う。

例 The doctor has forbidden him to drink alcohol.

（医者は彼に飲酒を禁じている）

---

prohibit 禁止する

法律や規則で正式に禁止すること。
フォーマルなイメージの単語。

例 Smoking is prohibited in this area.

（この区域では喫煙は禁止されています）

---

ban （道徳的な理由などで）禁止する

法律や道徳的な理由で正式に禁止すること。
prohibit と比べて、より危険・有害だとみなされるものを強く禁止するイメージ。

例 All nuclear weapons should be banned.

（すべての核兵器は禁止されるべきだ）

勝つ

| win | beat | overcome | conquer |

win と beat は後ろに置くものの種類が違うので注意が必要です。例えば
「ライバルに勝つ」を win a rival とは言いません。

win ▶ 競争に勝つ

戦い、レース、選挙などに勝つこと。
また、賞などを勝ち取ること。
例 Who do you think will win the race?
（誰がレースに勝つと思いますか？）

beat ▶ 相手に勝つ

スポーツや勉強などで相手に勝つこと。
おもに話し言葉で使う。
例 Japan beat Brazil one to zero.
（日本は1対0でブラジルに勝った）

overcome ▶ 打ち勝つ

困難などを克服すること。
get over も類義語。
例 They managed to overcome the crisis.
（彼らはその危機をどうにか乗り切った）

conquer ▶ 征服する

戦って勝ち、相手を支配下に置くこと。
overcome の意味で使うこともある。
例 The empire conquered neighboring
　 nations.
（帝国は隣国を征服した）

運動、動き

| exercise | motion | movement | campaign |

体などの「物理的な動きや運動」を表すものと、「活動」といった組織的な行動を表すものがあります。

---

exercise 体の運動

体を動かす運動のこと。
「練習」の意味もある。
例 You should get more exercise.
（君はもっと運動した方がいいね）

---

motion 動き、身振り

モノの動きの過程や、コミュニケーションを取るための体の動作のこと。
例 I played the video again in slow motion.
（私はビデオをもう一度スロー再生した）

---

movement 動き、動作、運動

人やモノ1つ1つの具体的な動きのこと。また、同じ考えをもつ人たちの組織的な活動のこと。
例 A lot of students took part in the anti-government movement.
（多くの学生が反政府運動に参加した）

---

campaign 組織的運動

特定の目的を達成するための、政治・社会・ビジネスなどの運動のこと。
例 Election campaigns cost a lot of money.
（選挙運動には大金がかかる）

行動

| act | action | activity | behavior |

action, act, activity は形も意味も似ているので、使い分けに注意。
説明と例文を参照して、違いを確認しましょう。

act

行為、所業

個々の行為のことを指す。フォーマルな響きの単語で、形容詞などで修飾することが多い。
例 I think that was an act of kindness to you. (あれはあなたに対する思いやりの行為だったと思うけど)

action

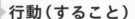

行動（すること）

特定の目的を達成するための、行動の過程全体のことを指す。
例 Now is the time for action.
(今こそ行動すべき時だ)

activity

活動

特定の分野の（目的をもった）活動。複数形で使い、前に名詞や形容詞を置くことが多い。
例 Club activities at school are becoming less popular.
(学校のクラブ活動は人気がなくなっている)

behavior

態度、行動

本人の性格などが反映した振る舞いのこと。
例 I was disgusted with his rude behavior.
(私は彼の無作法な行動にうんざりした)

行う

| do | carry out | execute |

基本語の do は幅広く使えますが、「〜をする」が何でも do で表せるわけ
ではないので注意しましょう。ただ何かを行うだけでなく、「実行する」「遂
行する」といったニュアンスをもつ語句と使い分けましょう。

do ▶ 行う、する

「〜をする」という意味の一般的な単語。
さまざまな場面で使えるが、play sports（スポー
ツをする）を do sports とは言わないので注意。
例 We do business in China.
（私たちは中国でビジネスをしています）

carry out ▶ 実行する

計画などを実行に移すこと。
日常的には do で代用することも多い。
perform, conduct も同様の意味で使う。
例 We carry out a market survey every
　 month.
（私たちは毎月市場調査を行います）

execute ▶ 遂行する

計画や命令などを実行、達成することを意味する。
フォーマルな響きをもつ単語。
例 They executed the plan as scheduled.
（彼らはその計画を予定通り実行した）

痛める、損なう

| strain | sprain | break | impair |

おもに、人の身体や機能について使う語句を集めました。体のどの部分を、どのように「痛める」か「損なう」かで単語を使い分けます。

---

strain — 痛める

体の一部が使いすぎて痛くなること。
例 I've strained a muscle in my leg.
（足の筋肉を［使いすぎて］痛めた）

---

sprain — くじく

足首・指・関節などをくじく（ねんざする）こと。
例 I sprained my ankle while skiing.
（スキー中に足首をねんざした）

---

break — 折る、折れる

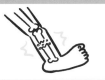

骨などを折る（骨折する）こと。
例 He broke his leg during the soccer game.
（サッカーの試合中に彼は足を骨折した）

---

impair — 悪化させる

体の機能などに、長期的に続く害を与えること。身体障害に使うことが多い。
例 His sight was impaired by the work.
（その仕事で彼は目が悪くなった）

3

動作・活動にかかわる表現

行う／痛める、損なう

傷つける

| hurt | injure | wound | damage | harm |

日常的によく使うのは hurt で、injure や wound は少し堅い響きの単語です。この3語は〈be［get］＋過去分詞〉で「けがをする」という意味になり、この形でもよく使います。

hurt 傷つける

体や感情などを傷つけること。
「足にけがをする」は hurt one's leg と言う。
例 I'm afraid what I said might have hurt her feelings.
（ぼくの言ったことが彼女の感情を傷つけたかもしれない）

injure （事故などで）負傷させる

事故などで（大きな）けがをさせること。
be［get］injured の形でよく使う。
例 She was seriously injured in the accident.
（彼女はその事故で重傷を負った）

wound 負傷させる

刃物や銃などで人の体を傷つけること。
be［get］wounded の形で使うことも多い。
例 A lot of soldiers were killed or wounded in the battle.
（その戦いで多くの兵士が死傷しました）

172

damage

損害を与える

モノなどに損害や傷を与えること。
人間には使わない表現なので注意。
例 The earthquake damaged most of the houses in this district.
（その地震はこの地区の大部分の家屋に被害を与えた）

harm

害する

人・モノ・評判などに有害な影響を与えること。
例 He was criticized for harming the company's reputation.
（彼は会社の評判に傷をつけたと批判された）

いろいろある！
けがや体調に関する表現

　「けがをする」は get hurt などで表しますが、次のような言い方も覚えておきましょう。
burn one's hand … 手をやけどする
get a bump [lump] … たんこぶができる
skin [scrape, graze]one's knee … ひざをすりむく
twist one's wrist … 手首をひねる
be bitten by a mosquito … 蚊に刺される
be stung by a bee … ハチに刺される
(nose)bleed … （鼻）血が出る
have a headache … 頭が痛い
have a fever … 熱がある

feel dull … 体がだるい
feel dizzy … めまいがする
feel sick … 吐き気がする
throw up [vomit] … 吐く
have a runny nose … 鼻水が出る
have a stuffy nose … 鼻がつまる

115

達成する

achieve	attain	realize

どの単語も「努力してよい結果を生む」というニュアンスを含みます。その中で、どんなことを達成するのか、どうやって達成するのかといった微妙なニュアンスの違いによって単語を使い分けます。

achieve 成就する

目標や価値のあることを行うことに成功すること。語源でみると、a「～へ」＋chiev「頭」となる。accomplish も類義語。

例 It is not easy to achieve our goal.
（私たちの目標を達成するのは容易ではない）

attain 達成する

長期にわたる努力の末に、むずかしい目標に到達すること。

例 He attained the top position in the organization.
（彼はその組織のトップの地位についた）

realize 実現する

夢・希望・計画などを現実のものにすること。語源でみると、real「現実の」＋ize「～にする」となる。

例 She will realize her dream of becoming an actress.
（彼女は女優になるという夢を実現するだろう）

案内する

| show | guide | take | lead |

「人に場所などを見せる」「人を特定の場所に誘導する」という意味で使います。主体となる人が、どのように案内するかで使い方が変わります。

show 案内する

人に同行して、何かを見せること。
例 I'll show you around the city.
（私が市内をご案内しましょう）

guide （専門のガイドが）案内する

専門のガイドなどが案内すること。
ちなみに、盲導犬は guide dog という。
例 The tour conductor guided us around the city.
（添乗員が私たちに市内を案内してくれた）

take 連れて行く

人を別の場所へ移動させること。
例 He took me to a Chinese restaurant.
（彼は私を中華料理店へ案内してくれた）

lead 先導する

先頭に立って案内すること。
例 The attendant led me to the interview room.
（係員は私を面接室へ案内してくれた）

使い分けたい！会話フレーズ 3

「元気？」「久しぶり」「はじめまして」

人と会ったときのあいさつには、さまざまな言い方があります。例えば頻繁に会っている人、久しぶりに会った人、初めて会った人には、それぞれ違ったあいさつをします。状況に応じた、あいさつの表現を覚えておきましょう。

日常的に会う人に

Hi [Hello]. （やあ [こんにちは]）
How are you? （元気ですか？）《一般的な表現》
How are you getting along? （元気ですか？）
How's it going? （元気ですか？）

> Hi, John. のように名前を添えて使うことが多い。

久しぶりに（偶然）出会った友人や知人に

It's been a long time. ／ It's been ages.
（お久しぶりです）《一般的な表現》

Long time no see. （久しぶりだね）《くだけた表現》
You haven't changed a bit.
（君はちっとも変わってないね）

How have you been? （元気にしてた？）
What have you been doing since then?
（その後どうしていたの？）

What a coincidence! ／ Small world!
（奇遇 [世の中は狭い] ですね）

> 「長い間見て（会って）いない」→「久しぶり」

初対面の人に

Nice to meet you. （はじめまして）《一般的な表現》
I'm pleased to meet you. （はじめまして）《ていねいな表現》
I've heard a lot about you. （おうわさはかねがね伺っています）
Let me introduce myself. （自己紹介させてください）

Part 4

状態・変化を
あらわす表現

変わる、変える

change　turn　shift　alter　exchange　transform　modify
revise　replace　reform　convert　restructure　renew

「変化する」「変更する」「交換する」「変形する」などの意味に応じて、さまざまな動詞を使い分けましょう。

change　変わる、変える

別のモノに変わる（変える）ことを表す一般的な動詞。
例 The situation is changing.
（状況は変わりつつあるよ）

turn　向きを変える、変わる

向きを変えること。
また、モノが別の性質をもつようになること。
例 The light turned red.
（信号が赤に変わった）

shift　（位置などが）変わる、変える

考えや位置などが変わること。
また、考えや態度などを変える意味でも使う。
例 Public opinion has shifted against the policy.
（世論はその政策に反対する方向に変わった）

alter　変更する

目的に合わせて、モノの形や内容を部分的に変えること。おもに書き言葉で使う。
例 The law should be altered.
（その法律は変えるべきだ）

exchange ▶ 交換する

2つのものを取り替えること。
〈exchange ＋ O ＋ for〉の形で用いる。
例 Can you exchange yen for dollars?
（円をドルに交換してもらえますか？）

transform ▶ 変形する

形や機能などを完全に変えること。語源で見ると、
trans「向こうへ」＋ form「形」となる。
例 The rice field was transformed
　 into a parking lot.
（その田んぼは駐車場に変えられたんだ）

modify ▶ 修正する

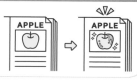

小さな変更を加えること。
おもに書き言葉で使う。
例 The plan needs to be modified.
（その計画は修正する必要がある）

revise ▶ 修正する、改訂する

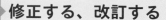

意見を修正したり、印刷物などを改訂したりする
こと。
例 The writer revised his manuscript
　 many times.
（その作家は原稿を何度も修正した）

replace ▶ 取って代わる、取り替える

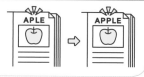

何かを別のモノに取り替えること。〈replace A
with B〉の形で、「A を B と取り替える」となる。
例 We replaced the dirty curtains.
（私たちは汚れたカーテンを取り替えた）

reform 改革する

制度や組織などの改革をすること。
よりよくするというニュアンス。
例 The pension system must be reformed.
（年金制度は改革せねばならない）

convert 変える、改造する

別の目的に合うように変更を加えること。
また、建物などを改造すること。
例 The bathhouse was converted
　　into a café.
（その銭湯は喫茶店に変えられたんだ）

restructure 再構成する、改革する

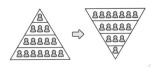

政治・経済・会社組織などを大幅に改編して、効率化すること。
日本語の「リストラ」のもとになった単語。
例 Our company is being restructured now.
（当社は現在、組織改革中です）

renew 更新する

契約や免許などを書き換えて期限を延ばすこと。
例 I've renewed my passport.
（パスポートを更新しました）

「変化」は into とつながりやすい

　change, turn といった、「変化」を表す動詞はよく、into と結び付けて使います。into の後ろには「変化した結果できるもの」を置きます。例えば、The rain changed into snow.（雨が雪に変わった）、turn a desert into farmland（砂漠を農地に変える）などと言います。また、translate English into Japanese（英語を日本語に翻訳する）などの into も同様の意味です。

跳ぶ

| jump | spring | leap | hop |

どれも「足で地面を蹴って跳ぶ」という意味で使えますが、jump は口語的で、leap や spring は堅い響きの単語です。

jump 跳び上がる

人や動物が空中に跳び上がること。
例 The cat jumped over the ditch.
（そのネコは溝を跳び越えた）

spring 跳ねる

人やモノがばね（spring）のように勢いよく動くこと。文語的な単語。
例 She sprang out of bed.
（彼女は寝床から跳び起きた）

leap 跳躍する

jump と似た意味だが、おもに書き言葉で使う。「移動する」というニュアンスを含む。
例 Look before you leap.
（よく見てから跳べ［転ばぬ先の杖］）

hop ぴょんと跳ぶ

人や動物が足で地面を蹴って跳ぶこと。
素早く小刻みにはねるようなイメージ。
例 He hopped into the boat.
（彼はボートに跳び乗った）

4 状態・変化をあらわす表現

変わる、変える／跳ぶ

結合する

| connect | attach | combine | join | stick | glue |
| tie | bind | fasten | merge | unite | associate |

これらは「くっつける」「結合する」などといった意味を表す動詞です。何をどうくっつけるかによって、使い分けましょう。

connect ▶ 連結する

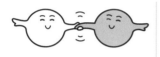

2つのモノを結び付けること。link も類義語。
例 This computer is connected to the Internet.
（このコンピュータはネットに接続されている）

attach ▶ 取り付ける

あるモノを別のモノにくっつける（添付する）こと。語源は at「〜へ」＋ tach「触る」。
例 Attach this lens to the camera.
（カメラにこのレンズを取り付けて）

combine ▶ 結合する

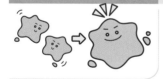

結び付けて、新たなモノとしてうまく動くようにすること。
例 The two parties were combined into one.
（2つの政党は結合して1つになった）

join ▶ 接合する

2つのモノを接触させて、くっつける（組み立てる）こと。
例 It's difficult to join these small pieces.
（これらの小さな破片をくっつけるのはむずかしいんだ）

stick ▶貼り付ける

テープやピンなどで、モノをくっつけること。
例 Stick this poster on the wall.
（このポスターを壁に貼りなさい）

glue ▶のり付けする

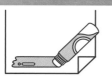

のりなどの接着剤（glue）で貼り付けること。
「くぎ付けにする」という意味もある。
例 The baby is glued to the TV screen.
（赤ちゃんはテレビ画面にくぎ付けだ）

tie ▶結び付ける

ひもやロープなどを使ってモノ同士を結び付けた
り、特定の位置に固定したりすること。
例 Tie this tag to your suitcase.
（スーツケースにこのタグを結び付けなさい）

bind ▶縛る

モノを縛って1つにまとめたり、くくりつけたり
すること。unite に近い意味でも使う。
例 The package was bound tightly.
（その荷物はきつく縛られていたんだ）

fasten ▶固定する

あるモノを別のモノにくっつけて固定すること。
例 Fasten the rope to that post.
（ロープをあの柱に結び付けなさい）

merge ▶合併する

2つ以上のモノ（会社など）を統合して、1つの大きなモノにすること。

例 The firm was merged with a larger company.
（その会社はより大きな会社に合併された）

unite ▶統合する

2つのモノを合体して1つにすること。
人々を団結させるという意味でよく使われる。

例 They were united by a common goal.
（彼らは共通の目的で団結していた）

associate ▶連想する

頭の中であるモノを別のモノと結び付けること。
associate A with B で、「A から B を連想する」となる。

例 I associate Yamagata with cherries.
（私は山形からさくらんぼを連想する）

カタカナ言葉で覚えられるものが多い！

　182 ～ 184 ページの動詞には、日本語のカタカナ言葉として取り入れられているものが多数あります。いくつか例を見てみましょう。

　例えば、人脈を意味する「コネ」は connection（関係＝ connect の名詞形）、2 人の組み合わせなどを意味する「コンビ」は combination（combine の名詞形）から来たものです。また、「ステッカー（sticker）」は「貼り付けるもの」、「バインダー（binder）」は「縛るもの」、「ファスナー（fastener）」は「固定するもの」がもともとの意味です。

すべる

| slide | slip | skid | glide |

slide, glide は自分の意志で、slip, skid は事故ですべる場合に使います。
「車がスリップする」と言う場合、英語では slip は使わないので注意。

slide

滑走する

モノの表面に触れた状態で滑らかにすべること。
例 The children are enjoying sliding down the slope on a board.
（子どもたちは板に乗って坂をすべり降りるのを楽しんでいる）

slip

つるりとすべる

すべってバランスを崩したり、転びそうになったりすること。
例 Be careful not to slip on the waxed floor.（ワックスをかけた床の上ですべらないよう気をつけて）

skid

スリップする

車やバイクが、路上で横滑りすること。
例 His car skidded on the icy road.
（彼の車は凍結した道路でスリップした）

glide

すべるように進む

水の上などをすいすいと静かに進むこと。
例 There is a canoe gliding on the river.
（川の上をカヌーが滑走している）

121

分ける

| divide | separate | split | share | distribute | classify | part |

「分割する」「分け合う」などの意味に応じて、さまざまな動詞を使い分けましょう。とくに違いがむずかしい divide と separate のニュアンスがつかめるとよいでしょう。

divide 分ける

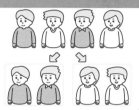

1つのモノや、人の集団などを、2つ以上の部分に分割すること。

例 The instructor divided us into two groups.

（教官は私たちを2つのグループに分けた）

separate 分離する

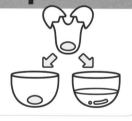

divide が「分ける」ことに重点を置くのに対して、separate は「切り離す」というニュアンス。
もともと一つであったモノを、別のかたまりに分けるイメージ。

例 The sea separates Japan from other countries.

（日本は海によって外国から隔たっている）

split 分ける、割（れ）る

divide と似た意味のほか、モノが割れたり、モノを割ったりする場合にも使う。

例 Let's split the check.

（割り勘にしましょう）

例 He split the board into two.

（彼はその板を2枚に割った）

share | 分け合う

モノなどを2人以上の間で均等に分けること。
「共有する」の意味でも使う。
例 Let's share the prize equally
between us.
（賞金は私たちの間で公平に分けましょう）

distribute | 分配する

人々にモノを（計画的に）配ること。
語源で見ると、dis「離れて」＋ trib「与える」となる。give out も類義語。
例 The volunteers distributed the relief
goods among the victims.
（ボランティアたちが救援物資を被災者に配った）

classify | 分類する

やさい　くだもの

モノなどを一定の基準に従って、どれかの種類
（class）に分けること。
sort (out) も同じような意味で用いられる。
例 Mountains used to be classified under
three categories.
（山は以前は3種類に分けられていた）

part | （髪などを）分ける

「切り離す」などの意味もあるが、「頭髪を分ける」の意味でよく使う。
例 He parts his hair in the middle.
（彼は髪を真ん中で分けている）

伸ばす、延ばす

extend	stretch	lengthen	prolong	postpone

物理的に「長くする」という意味のほか、「(期限を) 延長する」などの意味に応じて動詞を使い分けます。extend などは、そのどちらの意味でも使える単語です。

extend ― 延長する、拡張する

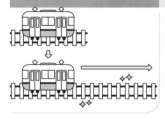

(ある点に達するまで) 期間を延長したり、サイズを大きくしたりすること。語源で見ると、ex「外に」＋ tend「伸ばす」となる。
例 Could you extend the deadline by a few days?
(納期を2、3日延ばしていただけますか？)

stretch ― 伸ばす

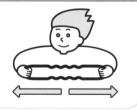

手足を伸ばしたり、ゴムなどを引っ張って伸ばしたりすること。
例 Stretch your muscles before exercising.
(運動する前に筋肉を伸ばしなさい)

lengthen ― 長くする

long「長い」の動詞形。
形のあるモノにも、ないモノにも使う。
例 He decided to lengthen his stay there.
(彼はそこでの滞在を延ばすことに決めた)

prolong ▶ 延長する

時間を引き延ばすこと。
例 The reporter asked her to prolong the interview.
（その記者は、インタビューを延長するよう彼女に頼んだ）

postpone ▶ 延期する

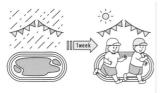

予定の期日などを先送りすること。
put off も類義語。
例 The event was postponed because of rain.
（イベントは雨で延期されたよ）

「技能・性能などを伸ばす」develop と improve

モノや人の能力を伸ばすという意味で使われる動詞に、develop と improve がありますが、この２つは微妙にニュアンスが異なります。

まず、develop は「発達させる」「開発する」という意味で、技能などを伸ばすことで「別のモノが生まれる」というニュアンスがあります。

一方、improve は「改善する」「向上させる」という意味で、「同じモノがよりよくなる」といったイメージです。例えば、携帯電話の機能が発達してスマートフォンが開発された、という場合は develop、カメラの画質がよくなった、という場合は improve を使うイメージです。

develop

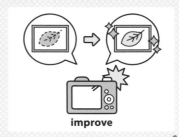

improve

123
広げる、広がる

| spread | expand | widen | unfold |

面積・幅などの対象に応じて動詞を使い分けましょう。これらの動詞は、「〜を広げる」「広がる」の両方の意味で使います。

spread ▶ 広げる

「広げる」の意味の一般的な動詞。
情報などを広める場合にも使う。
例 The fake news was spread intentionally.
（そのフェイクニュースは故意に広められたのよ）

expand ▶ 拡大（膨張）させる

サイズや量、範囲を大きくすること。
enlarge も類義語。
例 The company is expanding its business rapidly.
（その会社は事業を急速に拡大しているね）

widen ▶ 広くする

モノや知識などの幅を広げること。
broaden も類義語。
例 Reading helps widen your knowledge.
（読書は知識を広げるのに役立つ）

unfold ▶ 開いて広げる

折りたたんでいたものを広げること。
日常的には open を使うことも多い。
例 He unfolded his map and looked for the museum.
（彼は地図を広げてその美術館を探した）

似ている

| resemble | similar | take after |

resemble と take after は（句）動詞で、similar は形容詞です。take after は、血縁関係がある場合に使われ、年上である方が目的語に置かれます。「外見が〜に似ている」は、look like 〜とも言います。

resemble ▶ 似ている

人やモノの外見（や性質など）が似ていること。形容詞を使って同じニュアンスを表したいときは、alike を使う。
例 This replica closely resembles the original.
（この複製品は本物によく似ている）

similar ▶ 類似点がある

似ているという意味で使われる単語だが、類似の度合いは resemble ほど高くない。
例 There were two similar buildings on the hill.
（丘の上に２軒の似た建物があった）

take after ▶（親などに）似ている

年上の親族、例えば親などに、見ためや性質などが似ていること。
例 She takes after her mother.
（彼女はお母さんに似ているね）

125

速い、早い

| fast | quick | prompt | hasty | early | immediate | soon | rapid |

日本語の「速い」に当たるもの（fast など）と、「早い」に当たるもの（early など）とがあります。「何がどう速い（早い）のか」で使い分けましょう。

fast ▶ 速い

継続的な動きが速いこと。
反意語は slow（ゆっくりした）。
例 Your speech is too fast.
（君の話し方は速すぎるよ）

quick ▶ 素早い

瞬間的な動きが速いこと。
speedy や swift は、よりフォーマルな単語。
例 He took a quick glance at his watch.
（彼は腕時計を素早くちらりと見た）

prompt ▶ 迅速な

対応が速やかなこと。
例 Thank you for your prompt response.
（早々のご返信ありがとうございます）

hasty ▶ 性急な、早計な

決定などを急いで行うこと。そのために悪い結果が生じるというニュアンスがある。
例 Let's not jump to a hasty conclusion.
（性急な結論を出さないようにしよう）

early ▶ 早い

時刻や時期が早いこと。
反意語は late（遅い、遅れた）。
例 I need to get up early tomorrow
　morning.
（明日の朝は早く起きなくちゃ）

immediate ▶ 即座の

ある時点からすぐに（遅滞なく）何かが起こること。instant も類義語。
例 This medicine has an immediate effect.
（この薬は即効性があるね）

soon ▶ まもなく、すぐに

ある時点から間を置かずに何かが起こること。immediate よりも早急性をもたないイメージがあるが、時間の長さは状況や意識によって異なる。
例 I'll be back soon.
（すぐに戻るね）

rapid ▶ 急速な

短時間のうちに何かが起こること。変化の速度が速いことを表す。おもに書き言葉で使う。
例 There has been a rapid increase in
　vegetable prices.
（野菜の価格が急騰している）

どのくらい？ は
How soon 〜 ? で尋ねよう

soon は「まもなく、すぐに」の意味ですが、例えば I'll be back soon.（すぐ戻ります）と言われても、相手が何分後に戻るかはわかりません。

そんなときには、How soon?（どのくらい早く？）と尋ねます。すると相手は、In ten minutes.（10分後に）などと答えるでしょう。この場合、「今から10分後に」は after ten minutes ではない点にも注意。

汚い

dirty | filthy | muddy | dusty | foul | polluted | untidy | unfair

「何によって汚れているのか」や「汚れの程度」などによって使い分けましょう。unfair は比喩的に「汚い」、つまり「不公平な」という意味です。

dirty 汚い

clean の反意語で、清潔でないこと。
例 Wash those dirty clothes.
（その汚れた服を洗いなさい）

filthy 不潔な

ひどく汚い (very dirty) こと。
dirty よりも堅い響きの単語。
例 The air in this city is very filthy.
（この市の空気はとても汚れている）

muddy 泥だらけの

mud（泥）の形容詞。
道路がぬかるんでいる場合などに使う。
例 I had difficulty driving on the muddy road.
（そのぬかるんだ道を運転するのに苦労した）

dusty ほこりっぽい

dust（ほこり）の形容詞。
モノがほこりをかぶっている場合などに使う。
例 He took out a dusty old album.
（彼は、ほこりをかぶった古いアルバムを取り出した）

foul

不潔で不快な

悪臭を放つものなどに使い、不快感を抱いている
ニュアンスを含む。
例 The foul smell of the sewage was
unbearable.
（下水の悪臭は耐え難いものだった）

polluted

汚染された

水・空気・土地などが、有害物質などによって汚
染されていること。
例 The river is polluted.
（その川は汚染されている）

untidy

乱雑な

部屋が散らかっている場合などに使う。
tidy（きちんと整頓された）の反意語。
例 This untidy room relaxes me.
（この散らかった部屋にいると落ち着くんだ）

unfair

不公平な

行為や手段などが公平（fair）でないという意味
での「汚い」こと。
例 I don't want to use unfair means.
（汚い手段は使いたくない）

4

状態・変化をあらわす表現

汚い

「お金に汚い」mean

ここで紹介されているもののほ
かに、「汚い」を意味する形容詞に
mean があります。mean は「（お
金に関して）汚い」、つまり「けちな」
という意味です。

He is mean with his money.（彼
はお金に汚い）というように、with
を置いて「何について汚いのか」を
その後ろに続けます。ちなみに、
「〜を意味する」という意味の動詞
mean とは別の単語なので注意。

きれいな

| clean | clear | pure | sanitary |

この中でもとくに、clean と clear の違いに注意しましょう。例えば clean water は飲めますが、clear water は安全とは限りません。

clean 清潔な

dirty の反意語で、汚れていないこと。
例 The kitchen is always kept clean.
（キッチンは常にきれいにしてあります）

clear 澄んだ

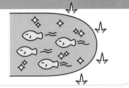

水などが澄んでいること。ガラスなどの固形物には transparent（透明な）も使う。
例 The water in this river is very clear.
（この川の水はとてもきれいだ）

pure 純粋な

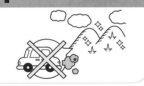

清潔で不純物を含んでいないこと。
例 The air is pure in the mountains.
（山の空気はきれいだ）

sanitary 衛生的な

病気の感染防止などで、清潔にしてある状態。
例 It was difficult to maintain sanitary conditions in the refugee camp.
（その難民キャンプでは衛生状態を維持するのがむずかしかった）

結果

result	consequence	effect	outcome

一般的な単語は result。ただし、「原因と結果」という意味では cause and effect と言います。consequence はややフォーマルな単語です。

---

result 結果

健康診断

「結果」の意味を表す一般的な単語。
例 I was shocked at the results of my checkup.
（健康診断の結果にショックを受けた）

---

consequence 結果

行為や出来事などによって、（時間の経過とともに）生じた（重大な）結果。
例 The accident had serious consequences.
（その事故は深刻な結果を招いた）

---

effect 結果

原因（cause）から直接生じた結果。
例 Their efforts might have an opposite effect.
（彼らの努力は逆効果になるかもしれないね）

---

outcome 結果、成り行き

りんご
ダイエット!!

-3kg

come out（～という結果になる）の名詞形で、行動やイベントなどの（具体的な）成果のこと。
例 The election had an unexpected outcome.
（選挙は意外な結果になった）

4

状態・変化をあらわす表現

きれいな／結果

前の

| last | former | previous |

これらの単語は、おもに「時間的に(順番が) 前の」という意味を表します。ちなみに、場所を表す「〜の前に」は in front of を使って、a hotel in front of the station(駅前のホテル) のように言いましょう。

last　この前の

「一番最近の」という意味。例えば、コック→警察官→医者という順に転職したとすると、last job は一番最近の職業＝警察官を指すことになる。

例 I left my last job five days ago.
(私は 5 日前に前職を辞めた)

former　以前の

「(今ではなく) 昔の」という意味のフォーマルな単語。前はそうであったが、今は違うという意味合いが含まれる。

例 He is a former Japanese president.
(彼は日本の元総理大臣だよ)

previous　(その)前の

何かと比べて時間や順序が前のこと。視点は現在とは限らず、例えばコック→警察官→医者という順に転職したとすると、警察官のときから見て一つ前の職業＝コックを指す場合などに使う。

例 I was a police officer then, but my previous job was a cook. (そのとき私は警察官だったけど、その前の仕事はコックだった)

続く、続ける

continue	last	keep (on)	go on

この中でも、last は終わりがあることを意識した表現なので、期間を表す語句とともに使うのが基本です。

continue ▶ 続く、続ける

出来事などが中断せずに続くこと。
また、行為などを（やめずに）続けること。
例 **The conflict still** continues.
（紛争はまだ続いている）

last ▶ （一定の間）続く

事柄や状態が一定の間、続くこと。
終わりがあることを意識した表現。
例 **The rain** lasted **for three days.**
（雨は 3 日間続いた）

keep (on) ▶ 続ける

行為を（反復して）継続すること。
動作がまさに今続いているイメージ。
例 **The baby** kept (on) **crying.**
（赤ん坊は泣き続けていた）

go on ▶ 続く、続ける

on は継続を表し、walk on（歩き続ける）のように使う。長時間続くイメージ。
例 **The meeting** went on **until late at night.**
（会議は夜遅くまで続いた）

131

上がる、上げる

| go up | rise | climb | raise | lift (up) | pick up | elevate | escalate | soar |

これらは上昇する（させる）ことを表す語句です。「持ち上げる」という意味では、elevate → raise → lift の順に、くだけた響きになります。

go up　上がる

「上がる」の意味の一般的な表現。
ascend も似た意味の単語。
例 I went up the stairs quietly.
（私は静かに階段を上がった）

rise　上昇する

go up に比べると堅い響きの動詞。
「増える」の意味でも使う。
例 The sun has risen.
（太陽が昇った）

climb　登る

（手足を使って）努力して登ること。
比喩的な意味でも使う。
例 He is climbing the ladder of success.
（彼は出世への階段を登っているね）

raise　上げる

モノを上の方へ動かすこと。
例 I raised my hand to stop the taxi.
（私は手を上げてそのタクシーを止めた）

lift (up)　（力を入れて）持ち上げる

力を入れて持ち上げること。
イギリス英語で好まれるくだけた表現。
例 Can you help me lift the table?
（テーブルを持ち上げるのを手伝ってくれる？）

pick up　持ち上げる、上向く

軽いものを（手に持って）持ち上げること。
また、状況や景気がだんだん回復すること。
例 The phone kept ringing, but I didn't
　 pick up the receiver.（電話は鳴り続けたが、
私は受話器を取らなかった）

elevate　（持ち）上げる、高める

モノ・意識・地位などを、相対的に高い位置に上
げること。フォーマルな響きをもつ。
例 He was elevated to the rank of
　 ambassador.
（彼は大使の地位に昇進した）

escalate　上昇する（させる）

状況・数量・価格などが段階的に上がること。
また、段階的に上げること。
例 The labor cost is escalating.
（人件費がどんどん上がっている）

soar　急上昇する

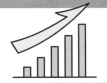

価格や温度などが急に上がったり、数量が急増し
たりすること。
例 Oil prices have been soaring.
（石油の価格が急上昇している）

下がる、下げる

| go down | fall | drop | lower | decline | dip | plunge |

これらは何かが低下することを表す語句です。例えば折れ線グラフの説明をするときなどは、低下の度合いに応じて drop, decline, dip, plunge などを使い分けます。

go down ▶ 下がる

「下がる」の意味の一般的な表現。
例 The popularity of baseball is going down.
（野球の人気は下がっているよね）

fall ▶ 落ちる

モノが落ちたり、数値が下落したりすること。人が落ちる（倒れる）場合にも使う。
例 The unemployment rate is falling.
（失業率は下がっている）

drop ▶ 落ちる、落とす

モノが落ちたり、数値が急に（大幅に）落ちたりすること。垂直に落ちるイメージをもつ。
例 Temperatures drop sharply at night during this season.
（この時期は夜には気温が急に下がるんだ）

lower （高さなどを）下げる

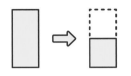

数量や水準、高さを下げること。
また、それらが下がること。
例 The patient's blood pressure has
　 lowered.
（患者の血圧は下がった）

decline 低下する

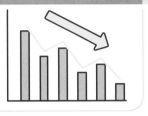

数量や重要性が徐々に下がること。
ネガティブなニュアンスを含む。
例 The stock price of the company is
　 declining.
（その会社の株価は下がっている）

dip わずかに下がる

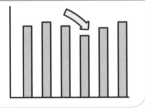

数量・株価・売り上げなどが少し落ち込むこと。
例 The number of customers has dipped
　 at the restaurant.
（そのレストランでは客の数が減っている）

plunge 急減する

数量・株価・売り上げなどが急に下がること。
例 Their sales plunged by 40 percent.
（彼らの売り上げは 40%急減した）

133 増える、増やす

| increase | grow | rise | gain | build up | double | multiply | add to |

基本語の increase はほとんどの場合に使うことができますが、増え方などに応じて動詞を使い分けられるとよいでしょう。

---

increase 増える、増やす

「増加する（させる）」の意味の一般的な動詞。
例 My income has increased compared to two years ago.
（私の収入は 2 年前に比べて増えた）

---

grow （次第に）増える

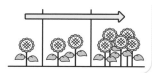

長い時間をかけて、次第に増えること。
例 Our sales are growing steadily.
（当社の売り上げは着実に増えている）

---

rise （水準が）上がる

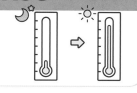

数量が増えたり、水準が上がったりすること。
例 The number of job offers to high school graduates is rising steadily.
（高卒生への求人は着実に増えている）

---

gain （大きさや重さが）増える

大きさや体重などが増えること。
例 I've gained three kilograms.
（体重が 3 キロ増えた）

build up （積み上げるように）増える

少しずつ（積み上げるように）増えること。
また、少しずつ増やすこと。
例 The company has built up large debts.
（その会社は多額の負債を抱えている）

double 倍増する

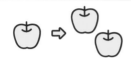

数量が2倍になる（2倍にする）こと。
例 The museum plans to double
the number of visitors in a year.
（その博物館は、1年で客を倍増する計画を立てている）

multiply 大幅に増える

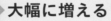

数量が大幅に増えること。また、大幅に増やすこと。「たくさん」という意味の multi が語源。
例 Donations to the charity has
multiplied five times.
（その慈善事業への寄付は5倍に増えた）

add to （情報量などを）増やす

モノや情報の量などを増やすこと。
例 The discovery will add to our knowledge
of space.
（その発見は私たちの宇宙の知識を増やすだろう）

---

lose my weight だと「体重が全部なくなる」？

gain は lose とセットで覚えるようにしましょう。

例えば、「体重が増える」は gain weight、「体重が減る、減量する」は lose weight。また、「（いくらか）減量したい」と言う場合は、I want to lose (some) weight. と言います。このとき、lose my weight と言ってしまうと、「体重を全部失う」ように響くので注意しましょう。

134

減る、減らす

`decrease` `dwindle` `diminish` `shrink` `reduce` `cut` `slash` `downsize` `trim`

減り方、減らし方に応じて、動詞を使い分けましょう。「(経費などを) 節減する」という場合には、reduce, cut, slash などを使います。

decrease ▶ 減る

「減少する」の意味の一般的な動詞。
例 The number of workers is decreasing in Japan.
(日本では労働者の数が減っている)

dwindle ▶ だんだん減る

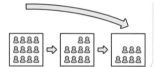

少しずつ減って消えそうになること。
「好ましくない減り方」というニュアンスを含む。
例 The rhino population is dwindling.
(サイの個体数は減りつつある)

diminish ▶ 減る

規模や数量が (外的な要因で) 小さくなること。
「衰える」というニュアンスももつ。
例 The number of farmers is diminishing in Japan.
(日本では農家の数が減っている)

shrink ▶ 縮小する

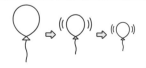

数量や価値などが (自然に) 小さくなること。
反対語は grow。
例 Our deficit is shrinking as the economy is picking up.
(景気がよくなるにつれて当社の赤字は減っている)

reduce ▶減らす

「減少させる」の意味の一般的な動詞。
例 The penalty has reduced the number
  of drunk driving incidents.
（その罰則で飲酒運転の件数が減りつつある）

cut ▶削減する

大きさや数量を減らすこと。
経費を節減するような状況でよく使われる。
例 We have to cut labor costs.
（私たちは人件費を減らす必要がある）

slash ▶大幅に削減する

経費などを大幅に減らすこと。少しくだけた表現。
例 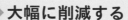The company slashed their staff by
  30 percent.
（その会社は職員を3割減らした）

downsize ▶小さくする

おもに経費節減などの目的で、人員や規模を削減
すること。
例 They decided to downsize the number
  of employees.
（彼らは従業員数を減らすことに決めた）

trim ▶削り落とす

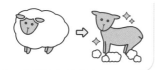

余分なものを削って減らすこと。
例 We have to trim our budget deficit.
（私たちは財政赤字を削減しなければならない）

「かまいません」

　「かまいません」という日本語はおもに、①謝罪されたとき②感謝されたとき③依頼や誘いを受けたときの3つの場合に使います。それぞれの状況に応じて、英語ではどう表現するのかを見ていきましょう。

謝罪への返答

That's all right.（いい［かまわない］よ）
No problem. ／ It doesn't matter.（問題ないよ）
There's nothing to be sorry about.（何も謝ることはないよ）
(It's) not your fault.（君のせいじゃないよ）
You couldn't help it.（仕方がなかったんだよ）

感謝への返答

You're welcome.（どういたしまして）
It's all right.（いいですよ［どういたしまして］）
Don't mention it. ／ Not at all.（いえいえ［どういたしまして］）
It's nothing. ／ Think nothing of it.（大したことじゃありません）
Any time. ／ Whenever.（いつでもどうぞ）
The pleasure is mine. ／ It's my pleasure.（こちらこそ）

依頼や誘いへの返答

OK. ／ All right. ／ Sure.（いいですよ）
No problem. ／ I don't mind.
（かまいませんよ［どうぞ］）
Go ahead.（どうぞ［ご遠慮なく］）
Yes, let's.（うん、そうしよう）
I'd love to. ／ With pleasure.（喜んで）

> mind「気にする」→
> not mind「気にしない」

Part 5

性格・性質などを
あらわす表現

太った

| fat | obese | plump | stout |

最も一般的な単語は fat ですが、人に対して使うと「デブ」のように悪い
印象を与えるので、自分以外の人に対しては使わない方が無難です。

fat　太った

人や動物などが太っていること。
例 My cat is too fat.
（私のネコは太りすぎなの）

obese　肥満体の

医学的な単語で、「健康に悪いほど極度に太って
いる」というネガティブな響きがある。
例 Obese people are subject to diabetes.
（肥満の人は糖尿病にかかりやすい）

plump　ふっくらした

fat の婉曲語として、女性や子どもに使う。
子どもには chubby（ぽっちゃりした）も使う。
例 My mother is a little plump.
（母は少しふくよかな体型です）

stout　大柄でがっしりした

fat の婉曲語として、大人の男性に対して使う。
big, large も類義語。
例 The interviewer was a stout man.
（面接官は恰幅のいい男性だったよ）

やせた

| thin | slim | lean | skinny |

「太った」と同様に、プラスイメージの単語（slim など）と、マイナスイメージの単語（skinny など）があるので注意しましょう。

thin

やせた

「やせている」という意味の一般的な単語。
「細い」というニュアンス。
例 He looks a little too thin.
（彼は少しやせすぎに見えるわ）

slim

スマートな

「ほっそりして美しい」というポジティブな意味。
おもに slim は体型、slender は体の部分に使う。
例 I'm on a diet to get slim.
（スマートになるためにダイエットしてるの）

lean

ぜい肉がない

健康的にやせていること。
ポジティブなニュアンスの単語。
例 The runner is lean and muscular.
（そのランナーはやせていて筋肉質だ）

skinny

やせこけた

がりがりにやせていること。
ネガティブなニュアンスの単語。bony も類義語。
例 The man was skinny as a rail.
（その男性はがりがりにやせていた）

性格

| personality | nature | character | quality |

生来のものか、他人と比べたものかなどで変わります。nature, quality はモノにも使いますが、ここでは「人の性格」について紹介します。

---

personality 個性、人柄

とくに、他人とのかかわりの中に現われる個人の性質を表す。
例 The incident changed his personality.
（その事件が彼の人格を変えたんだ）

---

nature 本性

人の本来（生まれつき）の性質のこと。
例 People cannot change their nature.
（人の本性は変えられないわ）

---

character 性格

個人やグループなどにおいて、ほかの人と区別される性質のこと。
例 He has a good character.
（彼は性格のいい人だよ）

---

quality 特質

人の性格の一部としての性質のこと。
おもにポジティブなニュアンスを含む。
例 I think that is one of her best qualities.
（それが彼女の最大の長所の一つだと思うよ）

親切な、優しい

| kind | gentle | tender | generous |

基本語の kind は、話し言葉でも書き言葉でもよく使います。gentle や tender は、やや改まった響きのする単語です。

kind ▶ 親切な

人に接する態度に思いやりがあって優しいこと。
sweet も類義語。
例 He is kind to everyone.
（彼は誰にでも親切なんだ）

gentle ▶ 穏やかな

態度などが穏やかで、人を傷つけないよう配慮していること。
例 I was impressed by her gentle manner.
（私は彼女の穏やかな物腰に感心したわ）

tender ▶ 思いやりのある

愛情がこもっていること。
例 He looked after his niece with tender care.
（彼は姪を優しく世話した）

generous ▶ 寛大な

心が広く他人を好意的に見ること。
また、お金に関して気前がよいこと。
例 It was generous of him to overlook my mistake.
（彼は寛大にも私のミスを見逃してくれたの）

厳しい

| strict | severe | stern | rigid | harsh |

「何に対して、どんな風に厳しいのか」によって、単語を使い分ける必要があります。例えば、規則が厳しい場合は strict、罰則が厳しい場合は severe、批判が厳しい場合は harsh をそれぞれ使いましょう。

strict 厳格な

人や決まりが厳しいこと。
反意語は generous（寛大な）。
例 Our dress code is too strict.
（私たちの服装規定は厳しすぎるよ）

severe （過酷なほど）厳しい

規則・刑罰・天候・状況などが過酷なほど厳しいこと。stringent, rigorous も類義語。
例 The criminal should be given a severe punishment.
（犯人は厳罰を受けるべきだ）

stern 厳格な、断固とした

厳格で妥協しないこと。また、表情が険しいこと。
grim も類義語。
例 The boss was reading my report with a stern face.
（上司は厳しい顔で私の報告書を読んでいた）

rigid 頑固な

厳しくて融通がきかないこと。
例 My father is rigid in his opinions.
（父は頑として自分の意見を変えないんだ）

harsh 粗暴な

批判などが手荒くて、（残酷なほど）容赦がない
こと。
人に対してあたりがきついイメージ。
例 His remark faced harsh criticism.
（彼の発言は厳しい批判に直面した）

まだある！
「厳しい」の類義語

　「厳しい」を表す単語は、ほかに
もあります。
　例えば、「予定が厳しい」という
場合には tight を使います。tight
は「隙間のない」というような意味
で、スケジュールが詰まっていて余
裕がないということを表すことがで
きます。I have a tight schedule
next week.（来週は予定が厳しい
んだ）というように使います。
　また、「天候などが厳しい」といっ
た場合には、bitter を使います。
bitter には「鋭い」「つらい」といっ
た意味があり、寒さなどが厳しい状
態を表現するときに使うことができ
ます。A bitter wind is blowing.
（冷たい［厳しい］風が吹いている）
のように使います。

tight

bitter

140

強い、激しい

strong　tough　powerful　hard　intense　sharp　fierce　violent　heavy

strong, tough, powerful は人に対して使うことのできる単語ですが、何を強いと言うかによって、使う単語が変わるので注意しましょう。

---

strong

強い

力の強さ・モノの丈夫さ・程度の大きさなどを表す一般的な単語。

例 I got sick from the strong smell of tobacco.
（たばこのきついにおいで気分が悪くなった）

---

tough

丈夫な

人が丈夫でたくましいという意味。
材質などが丈夫で壊れにくいという意味でも使われる。

例 This cloth is tough and durable.
（この布は丈夫で長持ちするよ）

---

powerful

強力な

権力や影響力などが（ほかと比べて）大きいこと。

例 China is one of the most powerful nations in the world.
（中国は世界で最も強大な国の1つだ）

---

hard

（運動などが）激しい

運動・気候・時代などが激しい（厳しい）こと。

例 Most of the club members don't like hard training.
（部員のほとんどは猛練習が好きじゃないんだ）

intense
（痛みなどが）強い

熱・光・痛み・感情などが非常に強いこと。
例 The heat is especially intense
this summer.
（今年の夏は暑さがとくに厳しいね）

sharp
（痛みなどが）鋭い

痛みや悲しみなどの不快な感情が強いこと。
「鋭い」といったニュアンス。
例 I felt a sharp pain in my back.
（私は背中に激しい痛みを感じた）

fierce
（争いなどが）激しい

争い・風雨・態度などが非常に激しいこと。
例 They finally won the fierce battle.
（彼らはついにその激戦に勝った）

violent
猛烈な

自然現象・感情・言葉などが非常に激しいこと。
例 The region was hit by a violent
earthquake.
（その地方は激しい地震に見舞われた）

heavy
（交通などが）激しい

交通・雨や雪・飲酒・損害などの量が大きいこと。
例 Traffic is very heavy on this highway.
（この幹線道路は交通がとても激しい）

広い

| wide | broad | large | spacious | open | vast | extensive |

wide は「幅」、large は「面積」について使うというように、何の広さを表すかで使う単語が変わってきます。例えば「広い部屋」と言う場合は、a wide room ではなく、a large room と言います。

wide　幅が広い

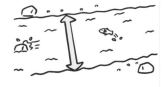

範囲や幅が広いことを表す一般的な単語。
反意語は narrow で、（幅が）狭いことを表す。
例 Our office faces a wide street.
（私たちのオフィスは広い通りに面しています）

broad　（体の部分の）幅が広い

wide と似た意味で使われることが多い。
wide の方がよく使われるが、肩幅など体の部分については broad を使う。
例 Her boyfriend is a tall man with broad shoulders.
（彼女の恋人は長身で肩幅の広い男性だ）

large　面積が広い

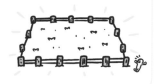

面積・容量が大きいこと。
反意語は small で、（面積が）狭いことを表す。
例 This room is large enough to hold fifty people.
（この部屋は 50 人が入れるくらい広いの）

spacious ▶広々とした

広くて空きスペースが大きいこと。

例 I want to work in such a spacious office.

（こんな広々としたオフィスで働きたいよ）

open ▶開けている

囲まれておらず（あるいは見通しがよく）、広々としていること。

例 There is little open ground in this area.

（この地区には開けた［広い］土地がほとんどないんだ）

vast ▶広大な

非常に（果てしなく）広いこと。
また、サイズや容積が大きいこと。

例 There is a vast desert in Arizona.

（アリゾナには広大な砂漠があるよ）

extensive ▶広範な

範囲が広いこと。
また、知識・情報などが広範囲にわたること。

例 You can make extensive use of the software.

（そのソフトウェアは幅広く利用できるよ）

142

固い、堅い

| hard | tough | crisp | firm | stiff | solid | tight |

これらの形容詞は、モノの固さを表すだけでなく、firm belief（固い信念）といったように、比喩（ひゆ）的な使い方もできます。対象や固さの程度に応じて、これらの単語を使い分けましょう。

hard — 固くて壊れない

モノの表面が固くて容易に壊れないイメージ。
反意語は soft（やわらかい）。
例 Diamonds are the hardest natural substances.
（ダイヤモンドは最も固い天然の物質だ）

tough — （肉などが）固い

肉などが固くて噛み切れないイメージ。
反意語は tender（やわらかい）。
例 This steak is very tough.
（このステーキはとても固い）

crisp — ぱりぱり（かりかり）している

食べ物が、固いけれど砕けやすいこと。
crispy も類義語。
例 We use crisp bacon in this salad.
（このサラダには、かりかりに焼いたベーコンを使います）

firm

固くて変形しにくい

hard ほどではないが、やわらかくはない程度に固いこと。
例 This cushion is a little too firm.
（このクッションは少し固すぎるね）

stiff

固くて曲げにくい

弾力性がないこと。ネガティブな含みをもつことが多い。
rigid や inflexible も類義語。
例 I have a stiff shoulder.
（肩がこっている）

solid

密で固い

中身が（空洞ではなく）詰まっていて固いこと。
例 They had difficulty digging in
　　the solid ground.
（彼らは固い地面を掘るのに苦労した）

tight

堅くて動かない

結び目や栓などがきついこと。
例 She tied the ropes in a tight knot.
（彼女はロープを堅く結んだ）

143

賢い、利口な

wise	intelligent	clever	bright

大きく分けると、wise は「知恵がある」、ほかは「知能が高い」の意味です。
子どもに対しては、intelligent よりも bright を使うことが多いです。

wise
賢明な

知識・経験が豊富で分別があること。
例 I think you've made a wise decision.
（君は賢明な判断をしたと思うよ）

intelligent
聡明な

知能が高いこと。
例 He was the most intelligent student in the class.
（彼はクラスで最も賢い生徒だった）

clever
利口な

学習能力が高いこと。
アメリカ英語では同じ意味で smart をよく使う。
例 I couldn't think of a clever answer.
（私は気の利いた答えが思い浮かばなかった）

bright
利発な

おもに子どもの知能が高いこと。
類義語の brilliant はほめ言葉で、並外れて頭がいいこと。
例 He has a bright son.
（彼には頭のいい息子がいるの）

正しい

correct	accurate	precise	exact

accurate が情報などに関して「誤差がない」ということを表すのに対して、precise は「精密な」というニュアンスです。

correct （基準に照らして）正しい

基準に照らして誤りがなく正しいこと。
例 I'm not sure about the correct spelling of this word.
（この単語の正しいつづりがよくわからないんだ）

accurate 正確な

数字などの誤差がないこと。「細心の注意を払った上で」というニュアンスを含む。
例 The accurate number of victims is still unclear.
（被害者の正確な数はまだ明らかでない）

precise 正確で細かい

機器や情報などの精度が、（求められる水準に達して）正確で細かいこと。
例 The precise cause of the accident hasn't been identified.
（その事故の正確な原因は特定されていないんだ）

exact 正確な

わずかな違いもなく、完全に正確なこと。
例 Do you remember the exact time of the earthquake?
（地震の正確な時刻って覚えてる？）

悪い

bad	evil	ill	mean	inferior

最も一般的な単語は bad で、ほかの単語もおおむね bad で置き換えられます。何がどう悪いのかによって、これらの単語を使い分けられるとよいでしょう。

bad 悪い

good（よい）の反意語で、「悪い」という意味を表す一般的な単語。

例 The event was postponed because of bad weather.
（そのイベントは悪天候のために延期された）

evil 邪悪な

道徳的に悪いこと。また、悪意に満ちていること。フォーマルな響きをもつ単語。
類義語の wicked も同様の意味。

例 People turned an evil eye to him.
（人々は彼に悪意に満ちた目を向けた）

ill （健康などに）悪い

おもに病気などで具合が悪いこと。
また、特定の名詞の前に置いて「悪い、有害な」の意味を表す。フォーマルなイメージの単語。

例 Obesity has ill effects on your health.
（肥満は健康に悪影響を与えます）

mean

意地が悪い

不親切なこと。
また、金銭的にけちなこと。
🈁 It's mean of him not to invite us.
（私たちを招待してくれないなんて、彼は意地悪だね）

inferior

劣った

別のものと比べて質などが悪いこと。
反意語は superior。
🈁 This wine is more expensive but inferior in taste.
（このワインの方が高いけど、味は悪いね）

単語は「つながり」で覚えていこう！

単語の知識を増やすには、1つの単語から連想して、同意語・反意語・派生語・連語などをセットで覚えるとよいでしょう。

bad を例に取ると、副詞である badly には「悪く」のほか、「とても、非常に」の意味もあります（➡ P278）。例えば want a car badly なら、「車がほしくてたまらない」です。

ill については、受験用の熟語集などに speak ill of ～（～の悪口を言う）という連語がよく載っています。しかしこれは古めかしい表現であり、最近の英語では say bad things about others（他人の悪口を言う）などというように表現するのが普通です。

mean は多義語で、動詞なら「意味する、意図する」、数学用語では「平均（の）」の意味になります。means（手段）も混同しやすいので注意しましょう。

このように、1つの単語を覚えるだけではなく、その単語に関連したものを一緒に覚えてしまうことが、単語力を上げるための近道です。

間違った

wrong	false	mistaken

wrong が一番よく使われる一般的な単語です。事実に反している場合は false、誤解や勘違いを表す場合は mistaken といったように、状況によって使い分けましょう。

---

wrong 間違っている

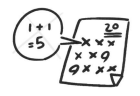

right（正しい）の反意語で、正解や善悪の判断に照らして正しくないこと。
また、機械などの調子が悪いことも指す。
例 The answer I chose was wrong.
（私が選んだ答えは間違っていた）

---

false 誤った

true（本当の）の反意語で、事実に照らして正しくないこと。
類義語の untrue も同様の意味。
例 It was careless of him to believe the false information.
（彼は不注意にもにせの情報を信じたんだ）

---

mistaken 誤解している

人が思い違い（勘違い）をしていること。
例 You are mistaken about her.
（君は彼女を誤解しているよ）

十分な

| enough | adequate | ample |

「十分な」という意味で最もよく使う単語は enough。フォーマルな場では、enough とほぼ同じ意味の sufficient が使われることも。adequate は「何かの目的において十分な」といったニュアンスが強い単語です。

5

性格・性質などをあらわす表現

間違った／十分な

enough　十分な

「十分な」という意味の最も一般的な単語。
必要を満たすのに十分な量があること。
例 We have enough food for the party.
（パーティー用の食べ物は十分あるよ）

adequate　十分な

目的に対して質や量が十分足りていること。
フォーマルな響きの単語。
例 His income wasn't adequate for his college tuition.
（彼の収入は、大学の授業料を払うには十分ではなかった）

ample　たっぷりの

あり余るほど十分なこと。
例 He got an ample reward for the job.
（彼はその仕事に対する十分な報酬を得た）

穏やかな

| calm | mild | gentle | peaceful | moderate | modest |

これらの単語は、人の性格や気候などに対して「穏やかだ」と言うときに使う形容詞です。この中でも、mild や gentle は「穏やか」だけでなく、「優しい」といったニュアンスを含んでいます。

calm　穏やかな、冷静な

人が冷静で落ち着いていること。
また、風や波がないこと。
例 The sea was as calm as a pond.
（海は池のように凪いでいた）

mild　（変化がなく）穏やかな

気候・食べ物・人の態度などが、刺激や変化が少なく穏やかなこと。
soft も類義語。
例 He speaks in a mild voice.
（彼は穏やかな声で話すんだ）

gentle　穏やかで優しい

人の態度、風雨などに激しさや急激さがなく穏やかで優しいこと。
mild よりもさらに穏やかなニュアンス。
例 A gentle wind was blowing from the sea.
（海から穏やかな風が吹いていた）

peaceful
平和な、平穏な

場所や環境などが静かで平穏なこと。
よりフォーマルな表現に tranquil がある。
例 **What can we do to build a** peaceful
world?
（平和な世界を作るために、私たちには何ができ
るだろう？）

moderate
穏当な、温和な

態度・考え・数量・天候などが、適度な範囲に収
まっていること。
反意語は extreme。
例 **He always expresses** moderate **opinions.**
（彼はいつも穏当な意見を述べるの）

modest
謙虚な

人が慎み深く、自慢したがらないこと。
humble も類義語。
例 **Despite her popularity, she was** modest
about her success.
（人気があったのに、彼女は成功を鼻にかけなかっ
たんだ）

**語尾が -ate のときの
発音に注意しよう！**

　-ate の語尾をもつ単語は、その
2つ前の音節（2音節の単語なら第
1音節）に第1アクセントがありま
す。また、品詞によって ate の発音
が異なります。

　動詞の場合は、éducàte（教育す

る）のように、語尾の部分に第2ア
クセントを置き、下線部は [eit]（エ
イト）と読みます。一方で、名詞の
chócolate（チョコレート）や形容
詞の móderate, délicate（繊細な）
などの下線部にはアクセントを置か
ず、[it][ət]（イット・アット）のよ
うに軽く読みます。

静かな

| silent | quiet | still |

silent は「音がない」ことに重点があり、それに対して quiet は「音はあっても音量が小さい」といったイメージの単語です。still は音よりも「動きがない」ことに重点を置く表現です。

silent
無音の、沈黙した

音がまったくしないこと。
また、人が黙っていること。
例 Be silent.
（[話すのをやめて] 黙りなさい）

quiet
静かな、平穏な

場所などが静かで平穏なこと。また、人の口数が少ないこと。
反意語は noisy。
例 He leads a quiet life in the country.
（彼はいなかで静かな暮らしをしているわ）

still
動きもなく静かな

モノや人が動かずにじっとしていて静かなこと。
例 Let me take your photo. Keep still.
（写真を撮ってあげる。じっとしていて）

確かな

| sure | certain | confident | definite |

主観的な判断の場合は sure、客観的な判断の場合は certain を使いましょう。この中では、definite が最も高い確実性を表す単語です。

sure 確信している

主観的に判断して、確かだと思っていること。
convinced や positive も似たような意味。
例 I'm sure I locked the door.
（私は確かにドアに鍵をかけたのよ）

certain 確実な

客観的に判断して、確かだと思っていること。
sure より堅い響きの単語。
例 It is certain that this movie will become a big hit.
（この映画が大ヒットすることは確実だよ）

confident 自信がある

sure より強い信念を表し、よい結果などを確信していること。
例 We are confident that our campaign will be successful.
（私たちのキャンペーンはきっと成功するわ）

definite 明確な

（公に）確定していて明確なこと。
また、事実や返答などがはっきりしていること。
例 The date of the conference hasn't been made definite yet.
（会議の日取りはまだ不明確です）

 **151**

明らかな

| clear | obvious | evident | apparent | plain |

これらの形容詞は、It is clear that ～（～ということは明らかだ）のように、it を主語にして使うことができます。どんな風に明らかなのかに応じて、表現を使い分けられるとよいでしょう。

clear　疑いの余地がない

かんたんに理解できて、疑いの余地がないこと。
例 It is clear that someone made a mistake.
（誰かがミスをしたことは明らかなんだ）

obvious　（誰の目にも）明白な

原因・影響・理由・事例などが、誰の目にも明らかなこと。
例 Their sales dropped without obvious cause.
（明白な原因もなく彼らの売り上げは急落した）

evident　（客観的に）明白な

事実・状況などが客観的に（目に見えて）明らかなこと。名詞は evidence（証拠）。
例 It was evident that the company was in danger of bankruptcy.
（その会社が、倒産の危機にあるということは明らかだった）

apparent 　（見た目に）明らかな

見た目に明らかなこと。
また、（実際は別として）そう見えること。
例 It was apparent to everyone that
　　the situation was becoming worse.
（状況が悪化していることは誰の目にも明らか
だった）

plain 　（単純で）明白な

事実などが、単純でわかりやすいこと。
例 It is a plain fact that he won
　　the election.
（彼が選挙に勝ったのは明白な事実だよ）

-ous や -ent の
ニュアンスをとらえよう

　obvious は、-ous という接尾辞
をもっています。これは形容詞を作
る接尾辞の1つで、「〜が多い、〜
の特徴をもつ」という意味です。例
えば advantage（利点）、danger（危
険）、mystery（神秘、謎）からは、
それぞれ advantageous（有利な
←利点が多い）、dangerous（危険
な←危険が多い）、mysterious（不
思議な←謎が多い）という形容詞が
できます。

　一方、evident や apparent の -ent
という接尾辞は、「〜を示す」という
意味です。evident は evidence（証
拠）の形容詞で、「証拠を示す」と考
えればよいでしょう。apparent は

appear（現れる、〜のように見える）
の形容詞で「外見を示す」というこ
と。また、この接尾辞をもつ形容詞
には、different（異なる←違いを
示す）、confident（確信した←信頼
を示す）などがあります。

　このような接尾辞の意味を知って
おくことで、単語のもつ意味合いが
より分かりやすくなりますよ。

152

あいまいな

| unclear | vague | obscure | ambiguous |

おもに書き言葉で使うものが多いです。意図的にあいまいな言葉を使う場合は、equivocal（どうにでも解釈できる）を使うこともできます。

---

unclear　　不明確な

clear の反意語で、はっきりしておらず理解しにくいこと。
例 The announcer's pronunciation is unclear.
（そのアナウンサーの発音は不明瞭だね）

---

vague　　あいまいな

記憶などがあいまいで漠然としていること。
例 I have only a vague memory of my childhood.
（子どもの頃のことはぼんやりとしか覚えていないの）

---

obscure　　ぼんやりした

意味・言葉・形などが複雑で、または情報不足で理解しにくいこと。
例 The band broke up for some obscure reason.
（そのバンドは何かはっきりしない理由で解散したんだ）

---

ambiguous　紛らわしい

言葉などが２つ以上の意味に解釈できること。
例 What he said is ambiguous.
（彼の言ったことはあいまいよね）

本当の、本物の

| true | real | genuine | actual |

real と genuine はどちらも「本物の」という意味をもちますが、genuine は「信頼できる」といったニュアンスを含みます。

true　本当の

情報などが偽りではなく事実・真実であること。反意語は false（偽りの、うその）。
例 It's true that she has a perfect TOEIC score.
（彼女が TOEIC で満点を取ったのは本当だよ）

real　本物の

実在しており、それが作り物ではなく本物であること。反意語は virtual（仮想の）など。
例 Is this a real diamond?
（これは本物のダイヤなの？）

genuine　正真正銘の

感情などが偽りではなく本物であること。また、人工物ではないこと。
例 We have a genuine friendship.
（私たちは真の友情で結ばれている）

actual　実際の

想像や理論上のものではなく現実であること。
例 The actual number of demonstrators might have been a lot larger.
（デモ参加者の実際の人数はずっと多かったかもしれない）

有名な

famous	well-known	popular	celebrated	renowned
distinguished	eminent		legendary	notorious

基本的にはポジティブな表現が多いですが、well-known はニュートラルな、notorious はネガティブなニュアンスをもつ単語です。

famous ▶ 有名な

「(よい意味で) 有名だ」という意味で使う一般的な単語。多くの場所で多くの人に知られていること。
例 The musician's wife is a famous actress.
(そのミュージシャンの妻は有名な女優だよ)

well-known ▶ よく知られている

おもに特定の場所や範囲で有名なことを表す。よい意味でも悪い意味でも使う。
例 It is a well-known fact that stress causes various diseases. (ストレスがさまざまな病気を引き起こすのはよく知られた事実だ)

popular ▶ 人気がある

多くの人に好かれていること。
例 He became a popular movie director.
(彼は人気のある映画監督になった)

celebrated ▶ 名高い

メディアなどに注目されて有名なこと。
くだけた表現では big-name とも言う。
例 Her grandmother is a celebrated designer.
(彼女の祖母は名高いデザイナーなんだ)

renowned 誉れ高い

優れた点や業績などによって有名なこと。
類義語の noted も同様の意味。
例 Martin Luther King Jr. is renowned
for his historic speech.
（キング牧師は歴史的演説で有名だ）

distinguished 著名な

人目を引くような経歴や業績で有名なこと。
distinguish は「区別する」。prominent も類義語。
例 The scholar is from a distinguished
family.
（その学者は名家の出身です）

eminent 傑出した

技量などが、他者と比べて格段に優れていて有名な
こと。
例 He consulted an eminent lawyer.
（彼は有名な弁護士に相談した）

legendary 伝説的な

legend（伝説）の形容詞で、優れた技能を持つ人
やモノが伝説として語られるほど有名なこと。
例 Elvis Presley was a legendary rock singer.
（エルビス・プレスリーは、伝説的なロック歌手
だった）

notorious 悪名高い

悪い意味で有名なこと。
infamous も類義語。
例 That area is notorious for crime.
（その地区は犯罪で悪名高い）

155
重要な、必要な

important	significant	serious	decisive	key
crucial	necessary	essential	vital	

「重要な」という意味の基本語は important です。どの単語を使うかによって微妙にニュアンスが変わるので、うまく使い分けましょう。

important 重要な

「重要な、大切な」の意味の一般的な単語。
例 Teamwork is the most important.
（チームワークが最も大切だ）

significant 重要な、意義深い

注目に値するほどの大きな意味を持つこと。
名詞は significance（意義）。
例 The dam construction will have a significant effect on the environment.
（そのダム建設は環境に重要な影響を与えるだろう）

serious 重大な、深刻な

問題などについて、よく考える必要があること。
類義語の grave も同様の意味。
例 Bullying at school is a serious problem.
（学校でのいじめは深刻な問題だ）

decisive 決め手となる

decide（決める）の形容詞で、大きな影響力をもつこと。
例 The video played a decisive role in arresting the criminal.
（その動画が犯人逮捕に決定的な役割を果たした）

key

鍵となる

ある目的のために肝要なこと。
日本語の「鍵を握る」に近い意味。
例 AI has been playing a key role in more and more industries.（人工知能はますます多くの産業で重要な役割を果たしている）

crucial

決定的に重要な

ほかのモノに影響を及ぼすほど重要なこと。
何かの目的のために必須だというニュアンス。
例 It is crucial that everyone works together.
（全員が協力することが極めて重要だ）

necessary

必要な

モノや行為などが（何かの目的のために）なくてはならないこと。
例 Political stability is necessary for national development.
（政治の安定が国家の発展にとって必要だ）

essential

不可欠の

絶対に欠かせないほど必要なこと。
例 Exercise is essential to good health.
（運動は健康に不可欠だよ）

vital

極めて重要な

important よりも重要度が高いニュアンス。
語源 vit は「生命」を表すので、もともとは「命にかかわる」ということ。
例 Tourism is vital to the local economy.
（観光業は地元の経済に極めて重要だ）

156

大切な、貴重な

| dear | precious | valuable | priceless |

これらの形容詞は、「大切にしている」ことや「貴重である」ことを表しますが、precious はその両方の意味合いを含んでいます。

dear 　大切な、親愛な

家族や友人などを、愛着を持って大切に思うこと。
例 I got this from my dear friend.
（これは大切な友人からもらったの）

precious 　貴重な

希少で手に入れにくいために、価値が高いこと。
「大切にしている」ニュアンスを含む。
例 They lost the precious data in the fire.
（彼らはその火事で貴重なデータを失った）

valuable 　（金銭的な）価値のある

金銭的な価値や重要性があること。
例 This is the most valuable painting
　 in this museum.
（これはこの美術館で最も高価な絵なんだ）

priceless 　（値段がつけられないほど）貴重な

値段がつけられないほど貴重なこと。
例 There are a lot of priceless works of
　 art in the Louvre.
（ルーブル美術館には多くの貴重な美術作品があるんだよ）

含む

| contain | include | involve | imply |

contain と include の違いが重要。X contains Y. では Y が X に溶け込んでおり、X includes Y. では Y が X の構成物というイメージです。

contain （成分として）含む

成分として含むこと。
例 Eel blood contains poison.
（ウナギの血には毒が含まれているのよ）

include （構成物として）含む

全体の一部として含むこと。語源で見ると、in「中」+ clude「閉じる」となる。
例 The price includes the consumption tax.
（その価格には消費税が含まれています）

involve 含む、ともなう

必然的な結果や条件として含むこと。
例 My job involves frequent trips abroad.
（私の仕事にはたびたび海外出張があります）

imply 含意する

言葉や態度などが（別の）特定の意味を含むこと。語源で見ると、im「中に」+ ply「包む」。
例 I wondered what his smile implied.
（彼の笑顔にはどんな含みがあるのだろうかと私は思った）

普通の

ordinary　common　usual　normal　general　average　standard　typical

最初の 4 語のように、extra-, un-, ab- などの接頭辞を付けると逆の
意味になるものは、その反意語と一緒に覚えるとよいでしょう。

ordinary 　普通の、平凡な

特別ではないこと。反意語は extraordinary（並
外れた）。
regular も類義語。
例 I want to lead an ordinary life.
（普通の暮らしがしたいんだ）

common 　普通の、ありふれた

同じものがたくさんあること。
反意語は uncommon（珍しい）。
例 My family name is very common in
　　this area.
（私の姓はこの地域にはとても多いの）

usual 　ふだんの

行動や出来事が普通に起こる（最も多くの場合に
当てはまる）こと。
反意語は unusual（珍しい）。
例 I missed my usual train this morning.
（今朝はふだん乗る電車に乗り遅れちゃった）

normal 　標準の、正常な

基準に照らして典型的なこと。また、機械などが
正常なこと。反意語は abnormal（異常な）。
例 It's normal for children to depend
　　on their parents.
（子どもたちが親に頼るのは普通のことだよ）

general （世間）一般の

多くの人に共通であること。
また「全体の、全般的な」の意味でも使う。
例 This device has come into general use.
（この装置は一般に使われるようになった）

average 平均的な

サイズや程度が、全体の真ん中あたりであること。
例 The player is of average height and weight.
（その選手は平均的な身長と体重だ）

standard 標準的な

方法やサイズなどが、基準や尺度に照らして合っていること。
例 The standard operation procedure is in this manual.
（標準的な作業手順はこのマニュアルにあるよ）

typical 典型的な

特定のグループを代表するような特徴をもっていること。
例 It is a typical mistake beginners make.
（それは初心者が犯す典型的な間違いだね）

---

common と popular の違いに注意！

common（ありふれた）を使うべきところで popular（人気のある）を使う間違いが時々見られます。これは「ポピュラー」というカタカナ語が、「ありふれている」という意味で使われているからでしょう。例えば、This mistake is common among students.（このミスは生徒の間でよく見られる）の下線部を、popular で置き換えることはできません。

159

特別な、珍しい

special　particular　specific　extra　rare　unique　characteristic

「どのようにほかと違うのか?」で単語ごとのニュアンスが異なります。どちらも「珍しい」という意味を持つ rare と unique ですが、rare は「頻度が少ないこと」、unique は「ほかとは異なること」を表します。

---

special 　特別な

普通ではないこと。
「とくに重要な」というニュアンスでも使う。
例 The restaurant serves a special menu during the Christmas season.
(そのレストランは、クリスマスシーズンには特別メニューを出すんだ)

---

particular 　特定の、特別な

あるモノをほかのモノと区別する場合や、「普通(いつも)とは違う」という意味で使う。
例 I like this particular item of this restaurant.
(私はこのレストランのこの特定のメニューが好きなの)

---

specific 　特定の

1つに特定されていること。
また、説明などが(特定されて)具体的なこと。
例 Can you be more specific?
(もっと具体的に言ってくれない?)

extra 余分な

料金や時間などが、普通より多いこと。
例 You can use this room if you pay an extra charge.
（追加料金を払えばこの部屋を利用できます）

rare まれな

数や頻度が少ないこと。
「珍しくて貴重だ」といったニュアンスを含むこともある。
例 It is rare for the boss to be in a good mood.
（上司が上機嫌なのは珍しいね）

unique 唯一の、独特な

モノや人（の特徴）に、ほかとは違ったよさがあること。
uni- は「1つ」の意味。
例 The comedian has a unique performance style.
（そのお笑い芸人は独特の芸風をもっているんだ）

characteristic 特徴的な

モノの性質や人の性格（character）が、あるものを典型的に表すこと。〈＋ of〉の形で使う。
例 Serving large portions is characteristic of this restaurant.
（料理の量が多いのがこのレストランの特徴だよ）

160 変わった

mysterious	strange	odd	abnormal	exceptional

strange と odd にはあまり大きな違いはありませんが、strange に比べて odd は「異常だ」「奇妙だ」というニュアンスが強いです。「変わった度合い」よりも、「どのように変わっているか」で使い分けましょう。

---

mysterious　不思議な、謎めいた

mystery（謎）の形容詞で、状況や出来事などが理解しにくいことを表す。
例 There was something mysterious about the mansion.
（その大邸宅にはどこか謎めいたところがあった）

---

strange　変な

普通ではなく、理解しにくい（あるいは気味が悪い）こと。
curious も類義語。
例 A strange, upside down building was found in town.
（町で上下逆さまの奇妙な家が発見されたんだ）

---

odd　（ちょっと）変な

少し風変わり（異常）なこと。
おもに話し言葉で使う単語。
例 The house is a little odd; there's no door to enter.
（その家は少し変だった。入口のドアがないんだ）

abnormal ▶ 異常な

人や天気などが普通の状態から逸脱していること。
ネガティブなニュアンスをもつ。
例 Abnormal weather continues this year.
（今年は異常気象が続いているね）

exceptional ▶ 例外的な

起こる頻度が低いこと。
例 Today's cool weather is exceptional
for August.
（今日の涼しい天気は8月にしては異常だよ）

---

un-・in-・im- など
「反対」の接頭辞を覚えよう

　abnormal は、normal（正常な）
に「反対、否定」の意味を表す ab-
という接頭辞を加えたものです。

　ほかにも、このような意味を表す
接頭辞には、un-・in-・im- など
があります。例えば、以下のような
単語があげられます。

happy（幸福な）
→ unhappy（不幸な）
formal（正式な）
→ informal（非公式の、くだけた）
possible（可能な）
→ impossible（不可能な）
act（作用する）
→ counteract（反対に作用する）
like（好む）

→ dislike（嫌う）
understand（理解する）
→ misunderstand（誤解する）
ordinary（普通の）
→ extraordinary（異常な）

　また、unfortunate（不運な）と
misfortune（不運）のように、品詞
によって異なる接頭辞を使う場合も
あることも覚えておきましょう。

161
上品な、豪華な

elegant gorgeous magnificent grand spectacular imposing luxurious

「美しい」というイメージの単語（elegant など）と、「大きい」というイメージを含む単語（magnificent など）があります。何がどのように上品（または豪華）なのかによって、単語を使い分けましょう。

elegant ▶ 優美な

上品で優雅な美しさをもつこと。また、人の立ち振る舞いが上品なこと。
類義語の graceful も同様の意味。
例 The tea ceremony instructor has elegant manners.
（茶道の先生は作法が優雅だ）

gorgeous ▶ きらびやかな

きらびやかな服装などに対して使うことが多い。
類義語の splendid も同様の意味。
例 I wish I could stay in a gorgeous room of a three-star hotel.
（三つ星ホテルの豪華な部屋に泊まれたらいいのにね）

magnificent ▶ 豪華な

建物や景色などが大きくて華麗なこと。
例 The cape commands a magnificent view of the Pacific Ocean.
（その岬からは太平洋の壮大な景色が見渡せるよ）

grand 雄大な

（物理的にも）大きくて立派なこと。
例 Grand mountains are portrayed
in this picture.
（この絵には雄大な山が描かれているんだ）

spectacular 壮観な

spectacle（光景、見世物）の形容詞で、景色な
どが見栄えがして豪華なこと。
例 The fireworks display is
a spectacular event.
（その花火大会は壮観のイベントだよ）

imposing 堂々たる

建物や人物が、大きくて威圧感があること。
例 The hotel has an imposing facade.
（そのホテルの正面は堂々としている）

luxurious ぜいたくな

モノや店などの値段が、ほかよりも高くて高級な
こと。ほかにも fancy, lush, plush, deluxe な
どが類義語。
例 He took me to a luxurious restaurant.
（彼が高級レストランに連れて行ってくれたの）

162

美しい、かわいい

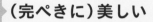

| beautiful | lovely | pretty | cute | exquisite | picturesque |

beautiful は最上のほめ言葉として使われますが、exquisite も「この上なく美しい」といった意味を表します。beautiful の方が一般的に広く使われる単語です。

beautiful ▶（完ぺきに）美しい

人やモノが完ぺきに美しいこと。
例 **This flower is beautiful.**
（この花はきれいだね）

lovely 愛らしい

容姿や振る舞いが好ましいこと。
love の感情を込めた単語で、おもにイギリス英語の話し言葉で使う。
例 **You look lovely in that dress.**
（そのドレス、似合っているね）

pretty 美しい、かわいい

おもに女性の美しさに使う。
beautiful ほどの完全な美しさではなく、「小さくてかわいい」というニュアンスがある。
例 **His daughter is very pretty.**
（彼の娘さんはとてもかわいいのよ）

cute　かわいい

子どもやペットなどがかわいいこと。
アメリカ英語では、性的魅力があるというニュアンスでも使う。
例 There are a lot of cute girls in this
　　school.
（この学校にはかわいい女の子がたくさんいるの）

exquisite　最高に美しい

顔や花などがこの上なく美しいこと。
例 There was an exquisite painting
　　on the wall.
（壁にはすばらしい絵が掛かっていたよ）

picturesque　絵になる

場所が絵のように美しいこと。
おもに書き言葉で使う。
例 The traveler visited a picturesque town.
（旅人はある美しい町を訪れた）

「見た目がよい」
good-looking

　話し言葉でよく使われる good-looking は、男性・女性どちらに対しても使い、「かわいい、かっこいい」といった意味を表すことができます。-looking は複合語で「〜に見える」という意味なので、good-looking は顔などの「見た目がよい」ということです。

かっこいい

| handsome | smart | cool | fashionable | trendy |

これらは「かっこいい」を表す単語ですが、中には「流行」と密接にかかわる表現もあります。また、cool には「流行に合っていてかっこいい」という意味もありますが、単に「いいね」と伝えるときにも使います。

handsome ハンサムな

男性の顔の見た目がよいこと。
例 I fell in love with a handsome actor.
（私はハンサムな俳優に恋をした）

smart （きちんとしていて）かっこいい

見かけがきちんとしていて、かっこいいこと。
例 You look so smart in that suit.
（そのスーツ、かっこいいよ）

cool かっこいい

流行に合っていてかっこいいこと。
好意的な印象をもっているときに使う。
会話でよく使われるくだけた表現。
例 Your hairstyle looks cool.
（君の髪型、かっこいいね）

fashionable 流行の

一時的に流行していること。

例 It was fashionable to ride a motorcycle at that time.

（当時はオートバイに乗るのが流行していたんだ）

trendy 流行の、いかす

fashionable よりくだけた単語で、「流行を追う」という皮肉っぽい意味でも使う。

例 The city government is planning to make this area trendy.

（市は、この区域をおしゃれにしようと計画している）

ダサい、ヤバい、キモい…会話で使う表現を覚えよう

ここでは「かっこいい」を意味する単語を紹介していますが、「かっこわるい、野暮ったい」といった意味で使われる「ダサい」は何と言えばよいでしょうか。これは「かっこいい」の反対なので、unfashionable や uncool などと表現できます。

ほかにも会話で使える表現をいくつか覚えておきましょう。例えば、「うざい」は annoying、「キモい」は disgusting などで表すことができます。また、「ヤバい」という若者言葉はさまざまな状況で使いますが、「危ない」の意味なら risky、「このラーメン、ヤバい（くらいおいしい）」というようなポジティブな意味合いなら awesome を使って、This ramen is awesome. などと表現できます。

このように、普段会話でよく使われる言葉を、英語でどう表現するのか知っておくとよいでしょう。とくに、状況によって意味がまったく異なる、「ヤバい」のような日本語には注意しなくてはなりませんね。

DASAI.

魅力的な

| attractive | charming | fascinating | impressive | stunning |

attractive → charming → fascinating の3つは、この順で意味が強くなります。これらの単語は基本的に置き換え可能な場合が多いですが、細かいニュアンスの違いで使い分けられるとよいでしょう。

attractive ▶ 魅力的な

attract（引きつける）の形容詞で、見た目で人を引きつけるような魅力があること。
性的な魅力のニュアンスを含むこともある。
語源で見ると、at「〜へ」＋ tract「引く」となる。
例 She is an attractive woman.
（彼女は魅力的な女性だ）

charming ▶ 魅力的な

charm（魔法をかける）と関係のある単語で、人をうっとりさせるほど強い魅力があること。
日本語の「チャーミング」とは少し意味が違い、外見だけでなく内面的な魅力も表す。
例 The announcer speaks in a charming voice.
（そのアナウンサーは魅力的な声で話すんだ）

fascinating ▶ 魅力的な

人の心を引きつけて離さないほど、魅力的なこと。
例 This novel is full of fascinating episodes.
（この小説は魅力的なエピソードで一杯なんだ）

impressive 印象的な

人の心などに、強い印象を与えるような性質を持つこと。

例 Your presentation was very impressive.
（あなたのプレゼンはとても印象的だったわ）

stunning 目を見張るほど魅力的な

おもに会話で使う。動詞の stun は「気絶させる」の意味。
類義語の breathtaking は、「息をのむような」といった意味。

例 The actress is absolutely stunning.
（その女優は本当に美しいんだ）

〜 ing で終わる感情を表す形容詞

英語には、「人に〜の感情を起こさせる」という意味の動詞がたくさんあります。

例えば excite は「（人）を興奮させる」、surprise は「（人）を驚かせる」という意味です。これらの動詞の後ろに ing を加えると、「（モノや事柄が）人を〜させるような性質をもつ」という意味になります。exciting movie なら「わくわくする（←人を興奮させるような）映画」、surprising news なら「意外な（←人を驚かせるような）ニュース」です。

同様の意味を持つ形容詞には、charming や fascinating のほか、disappointing（残念な←人を失望させるような）、shocking（衝撃的な←人にショックを与えるような）、boring（退屈な←人を退屈させるような）、interesting（おもしろい←人の興味を引くような）などがあります。

「さようなら」

　親しい人と別れるときの一般的なあいさつは、Bye(-bye). など。日本語でも「バイバイ」と言いますね。それ以外にも、次の予定のために行かなくてはならないときや、次に会う期待を込めるときなど、さまざまなパターンの表現をまとめて覚えましょう。

一般的な表現

See you (then).（じゃあね）
See you tomorrow.（じゃあまた明日）
See you around.
（じゃあまたね）《次会う予定がない場合》
See you later.（またあとでね）
Take care. ／ Take it easy.
（じゃあ、元気でね）《カジュアルな表現》

> 夜に別れる場合は Good night.（おやすみなさい）も使う。

> おもに、Take care. はイギリス英語で、Take it easy. はアメリカ英語でよく使われる。

「行かなくちゃ」

I have to go now.（もう行かなくちゃ）
Time to go.（もう行く時間だ）
I'm going now.（失礼するよ）
Would you excuse us?
（[そろそろ] 失礼します）

> 「席を外して（私たちだけにして）もらえますか」の意味でも使う。

次に会うことを期待する

I'm looking forward to seeing you again.
（また会えるのを楽しみにしてる）
Drop in on me when you're in this area.
（こちらにおいての際はお立ち寄りください）
Can I see you again?（また会えるかな？）
I'd really like to see you again.（ぜひまたお会いしたいです）

Part 6

比較・関係などを
あらわす表現

165

逆の、反対の

| opposite | reverse | the other | contrary | contradictory |

opposite, reverse などは形容詞で、名詞の前に置いて使います。それぞれの語句がもつニュアンスは少しずつ異なるので、「何がどう逆なのか」によって、これらの表現をうまく使い分けましょう。

opposite ▶ （方向などが）逆の

方向・位置・立場などが逆であること。比喩（ひゆ）的にも使う。
例 My advice had an opposite effect on him.
（私の助言は彼には逆効果だったわ）

reverse ▶ 逆の

上下左右・裏表・順序などが逆であること。語源で見ると、re「後ろへ」+ vers「回す」となる。
例 Read the letters of this word in reverse order.
（この単語の文字を、逆さ［後ろから前］に読みなさい）

the other ▶ 反対（側）の

2つのうちの「もう一方」。side（側）や end（端）などの前に置いて使うことが多い。
例 The entrance is on the other side of the building.
（入り口はビルの反対［向こう］側です）

contrary 反対（の）

意見などが対立すること。
おもに on the contrary（逆に、それどころか）などの形で使う。
例 "You don't know her, do you?"
　"On the contrary, we're relatives."
（「君は彼女を知らないよね？」「とんでもない、ぼくらは親戚さ」）

contradictory 矛盾する

2つの言葉や考えなどが相反すること。
例 What the two witnesses said was contradictory.
（2人の証人が言ったことは矛盾していた）

「反対の」を表す 接頭辞 anti- と counter-

　anti- と counter- は接頭辞と呼ばれ、単語の頭にくっつけて使い、ともに「反対の」というニュアンスを付け加えるものです。

　anti- は、「〜に対抗する」といった意味の単語を作る接頭辞です。例えば、anti-government であれば「反政府の」という意味になり、join the anti-government demonstration（その反政府デモに参加する）のように使います。日本語での「アンチ」と同じような意味合いです。

　counter- は、「〜とは逆の」という意味を加える接頭辞です。例えば、clockwise（時計回りに）などの単語と組み合わせて、Turn the handle counterclockwise.（取っ手を反時計回りに回してください）のように使います。

anti-government

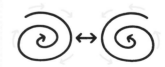

counterclockwise

166 合う、一致する

| suit | fit | match | correspond | harmonize | coincide | go (well) with |

suit, fit, match の3語は、意味と使い方が紛らわしいので注意する必要があります。また、この3語は後ろにすぐ目的語を置きますが、correspond, harmonize, coincide は、前置詞が後ろに続きます。

suit　適合する、似合う

人の都合やその場の状況に適合すること。
また、服や色が人に似合うこと。
例 **What day will suit you?**
（何日なら都合がいいですか？）

fit　サイズが合う

服などの寸法が人に合うこと。
また、目的や意図などに適合すること。
例 **These shoes don't fit my feet.**
（この靴は私の足に［サイズが］合わないの）

match　（釣り）合う

モノ同士の色や形などが釣り合っていること。
例 **That blue tie matches your shirt.**
（その青いネクタイは君のシャツに合ってるね）

correspond （言行などが）一致する

話の内容や言行などが（全体的に）一致すること。
例 Your actions don't correspond to
  your words.
（君は言行が一致していないよ）

harmonize 調和する（させる）

harmony（調和）の動詞形で、2つのものがうまく組み合わされていること。
例 Their lifestyle harmonizes with the
  environment.
（彼らの生活様式は環境と調和している）

coincide 一致する

意見・性質・利害などが一致すること。
また、出来事が同時に起こること。
例 Our interests coincide with theirs.
（私たちの利害は彼らの利害と一致している）

go (well) with （食べ物が）合う

飲食物の組み合わせが合うこと。
match の意味でも使う。
例 White wine goes well with fish.
（白ワインは魚によく合うね）

適した

good　right　suitable　proper　appropriate　fit　perfect　timely

これらの形容詞は、おもに「特定の目的・用途・状況などに適合している」という意味を表します。後ろに for を置いて使うことが多いです。

good　適した

ある目的に照らして、好ましいこと。
口語的な表現。
例 I think she is good for this job.
（彼女はこの仕事に適任だと思うよ）

right　最も適切な

主観的な基準に照らして正しい（最も適している）
こと。
例 She is the right person for the job.
（彼女はその仕事に適任だ）

suitable　うってつけな

必要な条件を満たしていること。
何かに「ふさわしい」「うってつけ」なこと。
例 This manual is suitable for beginners.
（このマニュアルは初心者にうってつけだね）

proper　適切な、正しい

基準などに照らして、妥当であること。
例 I want to learn the proper manners
　 of dining.
（食事の正しい作法を学びたい）

appropriate ふさわしい

特定の目的に適していること。
ややフォーマルな響きをもつ。
例 Jeans would not be appropriate for
the party.
（ジーンズはそのパーティーにはふさわしくないよ）

fit 向いている

特定の目的に見合う性質や能力などがあること。
例 That bicycle is fit for long-distance
cycling.
（その自転車は、長距離のサイクリングに向いて
いるんだ）

perfect 申し分ない

要求を完全に満たしていて理想的なこと。
「理想的な」という意味の ideal も同様に使う。
例 This is a perfect place for camping.
（ここはキャンプには最高の場所だ）

timely 時を得た

行動や出来事の時期が適切なこと。
日本語でも「タイムリーな」と言う。
例 Thank you for your timely advice.
（時を得た助言をありがとうございます）

---

very perfect は間違い？

　「とても、非常に」という意味の
very は形容詞の意味を強調する副
詞ですが、very を付けることがで
きない形容詞もあります。例えば、
このページで紹介している perfect
については、very perfect とは言
えません。good などには「どの程
度よいのか」という段階があります
が、perfect は「100 点満点だ」と
いう意味なので、程度は問題になら
ないからです。

168

よい、優れた

| good | nice | fine | superior |

おおまかに言えば、good は客観的に見て「よい」、nice と fine は主観的に見て「よい」というようなニュアンスの違いがあります。

good よい

質や程度などが優れていること。
反意語は bad。
例 This is a good hotel.
（ここはいいホテルだね）

nice 心地よい、楽しい

ポジティブな気分をこめて「よい」と言う場合に使う。「親切な」の意味もある。
例 It's nice weather today.
（今日はいい天気ね）

fine 質がよい

モノなどの質をほめる場合に使う。
例 We had a fine view of Mt. Fuji.
（富士山がよく見えたよ）

superior （より）優れた

ほかのモノに比べて優れていること。
反意語は inferior（劣った）。
例 Their superior performance impressed the audience.
（彼らの優れた演奏に聴衆は感銘を受けた）

最高の

| top | maximum | supreme | utmost |

top と supreme は順位などが「最も高い」、maximum と utmost はある基準の中で「最大限の」といったニュアンスです。

top　最上位の

位置や順位が最も高いこと。
例 Our top priority is safety.
（私たちが最優先するのは安全性です）

maximum　最大（限）の

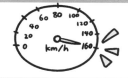

数量や程度などが、可能な（許容された）範囲内で最大であること。
例 The maximum speed of this car is 160 kilometers per hour.
（この車の最高速度は時速 160 キロです）

supreme　最高の

地位・権力・重要性などの点で最も高いこと。
例 The case went to the Supreme Court.
（その訴訟は最高裁に持ち込まれた）

utmost　最高の、最大限の

importance（重要性）, care（注意）, respect（敬意）など特定の名詞の前に置いて使う。
例 This is a problem of the utmost importance.
（これは最重要の問題だ）

170
最後に、結局

| at last | after all | finally | in the end | in the long run | ultimately |

これらの語句の多くは「長い時間の後に」という文脈で使いますが、意味や使い方に多少の違いがあるので、うまく使い分けましょう。この中でもat last や finally はポジティブなニュアンスが強いです。

at last　　ついに

「努力の末に」というニュアンス。
望んでいたことが実現するなど、よい結果を語る文脈で使う。
例 At last my brother passed the bar exam.
（ついに兄は司法試験に合格したんだ）

after all　　結局

「期待や予想に反して」というニュアンス。
予想とは逆の結果を語る文脈で使う。
例 She didn't accept his proposal
　　after all.
（彼女は結局彼のプロポーズを受け入れなかった）

finally　　最後に

First, … Second, … Finally, … のように情報を列挙する場合に使う。
また、at last と同じように「（苦労して）やっと」という文脈でも使う。
例 The meeting finally ended at 9 p.m.
（会議は午後9時にやっと終わったのよ）

in the end 最終的に

「あれこれ考えた末に」というニュアンス。おもに話し言葉で使い、文頭または文末に置く。
例 In the end, we decided to cancel the tour.
（結局、私たちはそのツアーをキャンセルすることに決めたの）

in the long run 長い目で見れば

「最後には〜になるだろう」と、遠い未来のことを予想する文脈で使う。
例 The business model is likely to fail in the long run.
（そのビジネスモデルは結局失敗しそうだ）

ultimately 結局、究極的に

「究極的に（考えれば）」の意味で、「いくつかの事柄・出来事の先にある」というニュアンス。
例 Competition among businesses ultimately benefits consumers.
（企業間競争は最終的には消費者の利益になる）

after all は読み方で意味が変わる？

「結局は〜になった」という意味の after all は、after を強く読みます。all の方を強く読むと、「だって（なにしろ）〜だから」という意味になります。先に述べたことに対して、相手も知っていることを理由として付け加えるときに使う言い方です。

例えば、Of course, I'm coming to the party. I'm the organizer, after all.（もちろん、ぼくはパーティーに来るよ。だって［君も知っているとおり］ぼくは幹事だから）のように使います。

たくさん（の）

many	plenty of	multiple	much	rich	large

plenty はある目的や基準に照らして、「十分なほどたくさん」という意味です。また、multiple はただ多いのではなく、種類がさまざまであるときに使います。

many ▶ 数が多い

数量が多い場合に使う一般的な形容詞。
後ろには数えられる名詞の複数形を置く。
例 I took many pictures there.
（そこでたくさんの写真を撮ったよ）

plenty of ▶ 十分な、たっぷりの

おもに話し言葉で、many, much の代わりに使う。「あり余る」というニュアンス。
書き言葉では ample も同様の意味で用いる。
例 We have plenty of time to discuss the matter.
（その問題を議論する時間は十分ある）

multiple ▶ 多数から成る、多様な

構成要素や人が多数（さまざま）であること。後ろに名詞を置いて使う。
multi は「たくさん」という意味。
例 These are multiple choice questions.
（これらは多肢選択式の問題です）

much 　量が多い

後ろには数えられない名詞を置く。
否定文や疑問文で使うことが多い。
例 I don't have much money with me now.
（今はあまりお金の持ち合わせがないの）

rich 　豊富な

モノなどが何かをたくさん含んでいること。
rich in ～で「～が豊富な」という意味になる。
例 This fruit is rich in vitamin C.
（この果物にはビタミン C が多い）

large 　（数量の点で）大きい

数量が大きいこと。
数量を表す名詞（population, income など）と
ともに使う。
例 The population of the city is
　 becoming larger.
（その市の人口は多くなってきている）

**会話と文章で使い分ける
「たくさん」の表現**

　many や much を肯定文で使う
と、少し堅苦しく響くので、会話で
は a lot of、lots of、plenty of
などを使うのが普通です。例えば「彼
は大金を手に入れた」は He got a
lot of [△ much] money. で表し

ましょう。
　ただし、否定文や疑問文なら
many、much を使うのが普通です。
例えば「私は友人が多くない」は I
don't have many [△ a lot of]
friends. となり、「たくさん飲んだ
の？」は Did you drink much? と
言えます。

少し（の）

| a little | little | a few | few | slightly | somewhat |

little は much の反意語で、few は many の反意語。a little[few] と little[few] は a の有無で意味を区別するのは紛らわしいので、会話では little[few] の代わりに only a little[few] を使うことが多いです。

a little　少し（の）

動詞や形容詞を修飾するときは「少し」の意味。数えられない名詞の前に置くと「少しの（〜がある）」の意味。
例 I can speak English a little.
（私は英語を少し話せます）
例 I have a little pain in my knee.
（ひざに少しの痛みがある）

little　ほとんどない

数えられない名詞の前で使う。
a little がポジティブな意味であるのに対して、little は「少ししかない、足りない」というネガティブな意味をもつ。
例 We have little chance of winning.
（私たちが勝つ見込みはほとんどないわ）

a few　少しの、2〜3の

数えられる名詞の前に置いて、「少しの（〜がある）」という意味を表す。
例 Wait a few minutes.
（2〜3分［数分］待って）

few ほとんどない

数えられる名詞の前で、「少ししかない」という意味を表す。

例 Few students passed the exam.
（その試験に合格した学生はわずかだった）

slightly 少し

a little に近い意味の副詞で、おもに書き言葉で使うフォーマルな単語。

例 My opinion is slightly different from yours.
（私の意見は君の意見とは少し違うの）

somewhat いくぶん、多少

a little（少し）と very（とても）の中間の意味を表す。少ないが slightly よりは程度が大きいというニュアンス。

例 The price of the ring was somewhat higher than I had expected.
（その指輪の値段は、私が思っていたより多少高かったの）

little と few の使い分けは？

few は数えられる名詞に対して、little は数えられない名詞に対して使います。そしてどちらも a を付けると「少しある」というポジティブな意味合いに、a を付けないと「ほとんどない」というネガティブな意味合いになります。

	ポジティブ	ネガティブ
数えられる名詞	a few	few
数えられない名詞	a little	little

271

173

大きい

big　large　great　huge　enormous　tremendous　immense　major

big, large, great が基本語で、big が最もくだけた表現。great は単なる大きさだけでなく、「偉大な」というニュアンスを含むことが多いです。

big（主観的に）大きい

大きさ・体積・規模などについて、主観的に「大きい」と言いたい場合に使う。
例 I've made a big mistake.
（大きなミスをしてしまった）

large（客観的に）大きい

規模・面積などについて、客観的に「大きい」と言いたい場合に使う。big よりもややフォーマル。
例 Alaska is the largest state in the U.S.
（アラスカは米国で一番［面積が］大きい州だ）

great 大きい、偉大な

「大きくてすばらしい」という賞賛をこめた意味で使うことが多い。
例 She achieved great success in business.
（彼女はビジネスで大成功を収めた）

huge 巨大な

大きさ・体積・量などが非常に大きいこと。
massive も類義語。
例 A huge amount of money was spent on the project.
（その事業には巨額の金が費やされた）

enormous　莫大な、けた外れの

大きさ・程度などが、ほかと比べて並外れて大きいこと。
例 I was shocked by the enormous gap between Japanese and American customs.
（日米の習慣の大きな違いに私は衝撃を受けた）

tremendous　途方もない

大きさ・量・強度などが驚くほどに大きいこと。
例 The bankruptcy of the company had a tremendous effect on the local economy.
（その会社の倒産は、地元経済に途方もない影響を与えた）

immense　計り知れない

計れないほど大きいこと。語源で見ると、im「〜ない」＋mense「計る」となる。
例 I felt immense pressure before the examination.
（私は試験の前に巨大なプレッシャーを感じた）

major　大きい（方の）

ほかのモノに比べて大きく、重要性が高いこと。
例 Food waste is a major social problem.
（食品の廃棄は大きな社会問題だ）

---

major の「a」の発音のしかた

　カタカナ言葉では「メジャーリーグ」などと言いますが、major の a は「エイ」と読みます。「メジャー」だと measure（寸法）と誤解されかねません。

　同様に apron（エプロン）は「エイプロン」、dangerous（危険な）は「デインジャラス」、label（ラベル）は「レイブル」と読みます。a のつづりを「エ」と読むのは、意外にもごく限られた単語だけなのです。

小さい

small　little　tiny　fine　microscopic　low　trivial　minor

small と little は意味が似ていますが、small は物理的に小さいことを表すのに対し、little には使う人の主観が含まれます。

small ▶ 小さい

大きさ・体積・面積・規模などが物理的に小さいこと。また、数量が小さいこと。
例 My apartment is too small.
（私のアパートは狭すぎるわ）

little ▶ （主観的に）小さい

主観的に「小さい」「小さくてかわいい」と言いたい場合に使うことが多い。
例 I have two little cats.
（私は小さいネコを２匹飼っているの）

tiny ▶ 極小の

大きさや数量が極めて小さいこと。
小ささを強調して tiny little のようにも言う。
例 She worked for a tiny company.
（彼女は小さな会社に勤めていた）

fine ▶ 微細な

雨や砂などの粒が細かいこと。
また、糸や線などが細いこと。
例 A fine rain was falling on that day.
（その日は "こぬか雨" が降っていたんだ）

microscopic | 微視的な

顕微鏡（microscope）で見るほど、極めて小さいこと。
例 The cause of hay fever is microscopic particles of pollen.
（花粉症の原因は花粉の微細粒子だよ）

low | （金額などが）小さい

価格・収入・給料などの数量が小さいこと。
例 I got this at a very low price.
（私はこれをすごく安い値で買ったの）

trivial | ささいな

事柄などの重要性が小さい（取るに足りない）こと。trifling も類義語。
例 You don't have to be worried about such a trivial matter.
（そんなささいな問題を心配する必要はないよ）

minor | 小さい（方の）

major の反意語で、相対的に小さくて重要性が低いこと。
例 He once committed a minor crime.
（彼はかつて軽犯罪を犯した）

「安い値段」は low price ？

　数量の意味を含む名詞は、数量の大小を large・small や high・low で表します。例えば、「少ない人口」は little population ではなく、small population と言います。

　また、「このバッグは安い」なら This bag is cheap. ですが、「このバッグの値段は安い」なら The price of this bag is low. となります。income（収入）や salary（給料）も、「少ない」は low で表します。

まったく、完全に

| quite | absolutely | completely | fully | perfectly | entirely |

これらの副詞は、very よりも強い意味を表します。微妙なニュアンスの違いで使い分けましょう。また、これらは否定文で（not とともに）使うと、「完全に〜だというわけではない」という意味になります。

quite　まったく、完全に

「ゼロか 100 か」という極端な意味を表すタイプの形容詞、right（正しい）、different（異なる）、impossible（不可能な）などの前で使う。
例 What you are saying is quite right.
（君の言っていることはまったく正しいね）

absolutely　絶対に

おもに話し言葉で使い、「絶対にこう思う」という強い確信を表す。
例 Their cooperation is absolutely
necessary for this project.
（このプロジェクトには彼らの協力が絶対に必要だ）

completely　あらゆる点で

「あらゆる点で、全面的に」ということ。
語源で見ると、com「完全に」＋ ple「十分な」となる。totally や wholly も類義語。
例 My sister is completely different from
me in character.
（姉は私とは性格がまったく違うの）

fully

完全に、十分に

おもに「完全に満たされている」という意味で使う。「十分に」といった意味でも使う。
例 The hotel was fully booked.
（ホテルは予約で満室だった）

perfectly

完ぺきに

欠点などがない様子を表す。
「申し分なく」といった意味。
例 This area is perfectly suited for growing tomatoes.
（この地域はトマトの栽培に最適です）

entirely

全体的に

「全体にわたって、例外なく」ということ。
否定文で使われることが多く、「完全に〜というわけではない」という意味を表す。
例 I'm not entirely in favor of the proposal.
（私はその提案に全面的に賛成しているわけではない）

「部分否定」の作り方

「全部」とか「完全」という意味を表す単語を否定文で使うと、「全部が（完全に）〜というわけではない」（部分否定）の意味になります。このとき、not を前に置く点に注意してください。

例えば、「メンバーの全員が来たわけではない」なら、Not all the members came. と言います。All the members didn't come. だと、「メンバーは全員来なかった」と誤解されてしまうおそれがあります。ただし、その意味ならば None of the members came. と言うのがふつうです。

とても

| very | extremely | badly | highly |

very が基本的な単語で、さらに強調したいときは extremely を使います。
badly はネガティブ、highly はポジティブなニュアンスがあります。

very　とても

おもに形容詞や副詞の意味を強めるのに使う。
例 This curry is very hot.
（このカレーはとても辛いね）

extremely　極度に、まったく

very より意味が強く、堅い響きの単語。
例 I'm extremely sorry for forgetting to
call you.
（電話し忘れて本当にごめんなさい）

badly　（深刻に）とても

「悪く」の意味もあるが、「大きな（深刻な）程度に」
の意味でも使う。
例 They are badly in need of food and
shelter.
（彼らは食べ物と住みかをとても必要としている）

highly　非常に

おもに形容詞の前に置いて、成功・効率・可能性
などの度合いが大きいことを表す。
例 His father is a highly successful
businessman.
（彼の父親はとても成功した実業家だ）

ほとんど

almost	nearly	most	practically

almost は副詞なので、名詞の前には置けないことに注意。例えば、「ほとんどの人々」は almost people ではなく most people と言います。

almost ― ほとんど

nearly よりも強意的（almost = very nearly）。
「あと少し足りない」というニュアンス。
例 I've almost finished writing the report.
（報告書はほとんど書き終えました）

nearly ― もう少しで

「あと少しで届く」というニュアンス。
おもにイギリス英語で使う。
例 I've been waiting for nearly an hour.
（もう1時間近く待っています）

most ― ほとんど（の）

ほとんど全部の意味。most X は「ほとんどの X」、
most of the X は「X のほとんど（大部分）」。
例 Most young people have smartphones.
（ほとんどの若者はスマホを持っている）

practically ― 実質的に

「実質的に、実際上」の意味から転じて、very
nearly の意味で使う。
例 Our dog is practically a member of
our family.
（私たちのイヌは家族の一員も同然です）

おもな

| main | chief | principal | leading |

最も基本的な単語は main で、chief, principal も main で言い換えられることが多いです。leading は「先導している」というニュアンスです。

main ▶ おもな

全体の中で主要な部分を占めること。
例 The main dish is roast beef.
（メインディッシュはローストビーフです）

chief ▶ 主要な

価値・重要性・地位などが最も高いこと。
例 What is the chief advantage of
　 hydrogen-powered vehicles?
（水素自動車の主要な利点は何ですか？）

principal ▶ 首位の

順位や価値の点で第1位であること。
primary も類義語。
例 Farming is their principal source of
　 income.
（農業は彼らの主要な収入源なんだ）

leading ▶ 先頭の

ほかのものを従えて、先頭に立っている（主導的な）こと。
例 Toyota is one of the leading car makers.
（トヨタは主要自動車メーカーの1つだ）

地位、階級

position	post	status	rank

それぞれに対応するカタカナ言葉があり、おおむねそれに近い意味で使います。この中でも、status は他人との関係性を重視しています。

position　地位

組織や社会の中での立ち位置のこと。
日本語の「ポジション」に近い。
例 I'm not in the position to make the final decision.
（私は最終的な決定を下せる立場ではありません）

post　地位、職

会社や組織内の責任をともなう持ち場を示す、フォーマルな単語。
比較的、高い地位を指すことが多い。
例 He filled the post of chairman for five years.
（彼は5年間議長の職についていた）

status　（上下関係の中での）地位

上下関係の中での身分のこと。
例 His present status is the result of his hard work.
（彼の現在の地位は努力の賜物である）

rank　階級

 横綱

 大関

 関脇

序列中の順位や組織内の階級のこと。
日本語の「ランク」に近い。
例 Yokozuna is the highest rank in sumo.
（横綱は相撲の最高位だ）

180
かなり、多少

| fairly | rather | pretty | significantly |

これらは、主観的な判断で「かなり、多少」と言う場合に使います。その程度に対してどう感じているかによって、使い分けましょう。

fairly　かなり

「(very と言うほどではないが) まずまず、かなり」ということ。ポジティブなニュアンスを含む。
例 The test was fairly easy.
(テストはかなりかんたんだった [ので助かった])

rather　かなり、多少

fairly とは逆に、ネガティブなニュアンスを含む。想像より程度が大きいイメージ。
例 The test was rather easy.
(テストはかなりかんたんだった [ので張り合いがなかった])

pretty　なかなか

「なかなか」ということ。
くだけた単語で、会話でよく使われる。
例 Your English is pretty good.
(君の英語はなかなか上手だね)

significantly　大いに、かなり

明らかに (目に見えるほど) 程度が大きいこと。
例 My computer skills have improved significantly.
(私のパソコンスキル能力はかなり上達した)

［さくいん］

あ 相手に勝つ　167
あいまいな　234
愛らしい　250
会う　157
合う　260, 261
上がる　200, 204
明らかな　233
悪名高い　237
開けている　219
あげる　118
上げる　200, 201
味がいい　69
与える　118
当たる　98
扱う　140, 141
悪化させる　171
あっぱれな　60
集まる　160
集める　160, 161
当てにする　90, 91
怪しむ　31
誤った　226
あらゆる点で　276
表す　19
ありふれた　242
暗示　50
案内する　175

い 言い張る　53
言う　12
いかす　253
意義　50
意義深い　238
行く　108
いくぶん　271
意見　49
意地が悪い　225
維持する　150
異常な　247
意地悪な　80
以前の　198
偉大な　272
痛める　171
一気に飲む　131
一致する　261
一般の　243
いぶかる　31
意味　50
いらついている　79
因習　155
印象的な　255

う うかがう　108
受け入れる　58, 117
受け取る　117
受ける　164
動き　168
動きもなく静かな　230
薄切りにする　102
疑いの余地がない　232

疑いをかける　31
疑う　31
打ち勝つ　167
内気な　75
有頂天の　77
打つ　98, 99
美しい　250
うってつけな　262
奪う　116
生み出す　101
うれしい　76
上向く　201
運動　168

え 衛生的な　196
絵になる　251
選び取る　25
選ぶ　25
得る　117, 121
延期する　189
援助する　151
延長する　188, 189

お 追いかける　125
おいしい　69
大いに　282
大柄でがっしりした　210
大きい　272, 273, 269
大幅に削減する　207
大幅に増える　205
憶測する　40
怒っている　79
お断りする　30
行う　170
起こる　159
教える　26, 27
おしゃべりする　13
汚染された　195
恐れている　86
穏やかで優しい　228
穏やかな　213, 228
落ちる　202
落とす　202
劣った　225
驚いている　81
驚くべき　60
おびえている　86
思い出す　73
思いやりのある　213
思う　36
おもな　280
折る　171
折れる　171
穏当な　229
温和な　229

か 改革する　180
階級　281
解散する　158
概算する　54
害する　173
改装する　107
改造する　180

改築する　107
改訂する　179
会話する　12
買う　120
変える　178, 180
鍵となる　239
確実な　231
確信している　231
拡大（膨張）させる　190
拡張する　188
確定する　22
獲得する　120, 121
確認する　44
確保する　121
貸し付ける　162
貸す　162
数が多い　268
かせぐ　121
固い　220
課題　138
堅くて動かない　221
固くて壊れない　220
固くて変形しにくい　221
固くて曲げにくい　221
価値・能力などを測る　54
価値のある　240
かっこいい　252
滑走する　185
活動　169
合併する　184
かなり　282
がまんして受け入れる　115
がみがみ叱る　57
体の運動　168
体の調子がいい　94
借り上げる　163
借りる　163
刈る　103
軽くたたく　98
かわいい　250, 251
変わる　178
含意する　241
感激している　77
頑固な　215
観察する　67
監視する　67
慣習　155
感情　95
完全に　276, 277
感想　49
寛大な　213
感嘆の声を上げる　74
感づく　70
鑑定する　55
完ぺきに　277
管理する　141
慣例　155

き 器具　134
機嫌が悪い　79
傷つける　172

283

汚い 194
貴重な 240
気づいている 70
気づく 47, 70
厳しい 214
寄付する 119
決め手となる 238
決める 22
逆の 258
究極的に 267
急減する 203
急上昇する 201
救助する 151
急速な 193
〜業 139
教育する 27
供給する 119
凝視する 68
教授する 26
競争に勝つ 167
強打する 99
驚嘆している 81
興味深い 78
強力な 216
許可を与える 23
極小の 274
極度に 278
拒絶する 30
巨大な 272
ぎょっとした 86
許容する 23
嫌う 83
きらびやかな 248
切り刻む 102, 103
切る 102
議論する 48
極めて重要な 239
極めて不愉快だ 80
禁止する 166
禁じる 166
緊張している 89
勤勉だ 92
偶然会う 157
偶然見つける 123
くじく 171
苦情を言う 53
くすくす笑う 72
砕く 112
砕ける 112
くたびれている 82
屈服する 24
訓練する 27
計算に入れる 90
軽蔑する 83
激怒している 79
削り落とす 207
けた外れの 273
決意する 22
結果 197
結局 266, 267

結合する 182
傑出した 237
決心する 22
決定する 22
決定的に重要な 239
懸命している 89
見解 49
厳格な 214
元気だ 94
言及する 13
謙虚な 229
健康 (的) な 94
健康だ 94
検査する 44
厳選する 25
建造する 101
顕著な 61
検討する 39
賢明な 222
行為 169
公開する 63
豪華な 248
交換する 179
講義する 26
交際する 156
更新する 180
広大な 219
強奪する 116
行動 169
公認する 59
広範な 219
考慮する 38
誤解している 226
告発する 57
心地よい 264
心 95
故障する 113
個人指導をする 26
個人的習慣 155
個性 212
応える 28
答える 28
固定する 183
事柄 43
この前の 198
拒む 30
小物 135
こわす 112
こわれる 112
こんがり焼く 105
懇願する 14
再構成する 180
最高な 60
最高に美しい 251
最高にすてきな 61
最高の 265
最後に 266
最終的に 267
最上位の 265
サイズが合う 260

最大限の 265
最大の 265
さいの目切りにする 102
栽培する 154
遮る 147
探す 124
下がる 202
削減する 207
削除する 145
作成する 101
叫ぶ 74
避ける 127
下げる 203
ささいな 275
指し示す 18
授ける 119
〜させておく 165
〜させる 165
さっと切る 103
悟る 47
妨げる 147
寂しい 85
去る 158
賛成しない 17
賛成する 16
賛同する 16
残念ながら〜だろうと思う 37
賛美する 55
飼育する 154
叱りつける 57
思考 95
仕事 138, 139
示唆する 19
視察する 44
指示する 19
辞職する 153
自信がある 231
静かな 230
〜しそうだ 34
〜したい 32,33
〜したい気分だ 33
従う 24
実演する 18
質がよい 264
実現する 174
実行する 170
実際の 235
実質的に 279
叱責する 56
〜してもらう 165
指導する 26
自発的に認める 59
縛る 183
自分の中で納得する 58
示す 18, 19
邪悪な 224
社会的習慣 155
首位の 280
集合する 160
収集する 161

修正する 179
修繕する 106, 107
重大な 238
集中する 161
習得する 121
修復する 106
十分な 227, 268
十分に 277
重要な 238
修理する 106
縮小する 206
手段 51, 134
主張し続ける 53
主張する 15, 48, 52, 53
熟考する 39
出発する 109
出版する 63
主要な 280
授与する 118
遵守する 24
純粋な 196
〜しよう 34
〜しようかと考えているところだ 35
成就する 174
上昇する 200
上昇する（させる） 201
正真正銘の 235
唱道する 53
承認する 59
情熱的な 92
丈夫な 216
情報を調べる 45
省略する 145
所業 169
職 139, 281
職業 138
食事をとる 132
職務 139
ショックを受けている 81
処分する 146
所有している 144
処理する 141
知る 47
親愛な 240
深刻な 238
信じ難い 61
親切な 213
迅速な 192
心配だ 88
遂行する 170
推測する 40
推論する 40
吸う 131
好きだ 84
すぐに 193
優れた 264
少し 271
少し（の） 270
少しの 270
すする 131

捨てる 146
素早い 192
すべるように進む 185
スマートな 211
スリップする 185
する 170
〜することを切望している 33
ずるずる飲む 131
〜するつもりだ 35
鋭い 217
〜すると決意している 35
〜するのを許す 165
〜する予定だ 34
澄んだ 196
性格 212
正確で細かい 223
正確な 223
性急な 192
清潔な 196
生産する 100
正式に求める 14
正常な 242
精神 95
製造する 100
ぜいたくな 249
ぜい肉がない 211
征服する 167
生命を維持する 150
接合する 182
摂取する 130
絶対に 276
説得する 29
設備 135
切望している 92
説明する 20
設立する 101
責める 56
専攻する 42
選出する 25
全体的に 277
先導する 175
先頭の 280
専念する 93
壮観な 249
早計な 192
捜索する 124
操作する 140, 141
創造する 100
想像する 37
相談する 13
装置 135
贈呈する 118
聡明な 222
即座の 193
組織的運動 168
育てる 154
ぞっとしている 87
粗暴な 215
損害を与える 173
大嫌いだ 83

対処する 141
大好きだ 84, 93
大切な 240
態度 169
台無しにする 113
逮捕する 129
耐え抜く 115
耐える 115
高める 201
多少 271, 282
多数から成る 268
助ける 151
たたき切る 102
たたく 99
正しい 223, 262
立ち寄る 108
達成する 174
たっぷりの 227, 268
たどり着く 110
楽しい 78, 264
楽しくない 80
楽しみだ 77
旅立つ 109
食べる 132
魂 95
試す 44
保つ 150
多様な 268
頼る 90, 91
断言する 52
断固とした 214
探査する 45
だんだん減る 206
地位 281
小さい 274, 275
小さくする 207
近寄らない 127
蓄積する 161
ちびちび飲む 130
中断する 147, 153
中毒だ 93
調査する 44, 45
調査をする 45
跳躍する 181
調理する 133
調和する（させる） 261
著名な 237
ちらりと見る 67
賃貸しする 162
賃借する 163
沈黙した 230
追求する 125
追跡する 125
ついて行く 125
ついに 266
費やす 142
使い果たす 143
使う 142
つかむ 128
疲れ切っている 82

疲れている 82
付き合う 156
付き添う 156
突き止める 123
着く 110
作る 100, 133
伝える 12
続く 199
続ける 199
つぶす 112
強い 216, 217
強く勧める 29
強く批判する 56
強く求める 15
つるりとすべる 185
連れて行く 175

て ～であってほしいと思う 37
低下する 203
提供する 119
停止する 153
訂正する 107
デートする 156
適合する 260
適した 262
適切な 262
出くわす 123
手伝う 151
手に入れる 120
手に取る 120
手に持つ 144
照れくさい 75
典型的な 243
点検する 44
展示する 18
天職 139
伝説的な 237

と 同意する 16
投棄する 146
道具 134, 135
統合する 184
動作 168
到着する 110
堂々たる 249
討論する 48
時を得た 263
特質 212
特徴的な 245
特定の 244
特定の意味 50
独特な 245
特別な 244
突然泣き出す 71
取って代わる 179
突発する 159
とても 278
とても喜んで 76
怒鳴る 74
跳び上がる 181
途方もない 273
ともなう 241

捕らえる 129
取り替える 179
取り消す 153
取りこわす 114
取り付ける 182
取り除く 145
泥だらけの 194

な 長い目で見れば 267
長くする 188
なかなか 282
泣く 71
謎めいた 246
名高い 236
納得させる 29
並外れた 61
習う 42
～ならよいと思う 32
成り行き 197
何となく思う 36

に 似合う 260
～に思われる 41
～に聞こえる 41
握る 128
逃げて行く 126
逃げる 126
～に賛成している 16
～について考える 38
似ている 191
～に反対している 17
～に見える 41
にやりと笑う 72
にらみつける 67
人気がある 236
任務 138

ぬ 盗む 116

ね 熱狂している 93
熱心な 92

の 逃れる 127
のこぎりで切る 103
のぞく 68
伸ばす 188
述べる 13
登る 200
飲み込む 131
飲む 130
のり付けする 183
乗る 111

は 把握する 46
バーベキューをする 105
廃棄する 146
倍増する 205
配達する 136
破壊する 114
計り知れない 273
莫大な 273
激しい 92, 216, 217
運ぶ 136
恥じている 75
走り去る 126
ばつが悪い 75

発見する 122
発表する 63
話し合う 48
話す 12
離れる 109
跳ねる 181
幅が広い 218
早い 193
速い 192
貼り付ける 183
ぱりぱりしている 220
破裂する 113
反抗する 17
ハンサムな 252
反対（側）の 258
反対（の） 259
反対する 17
判断する 55
反応 49
番をする 149

ひ 控えめな 75
引き裂く 113
引きずる 137
引く 137
微細な 274
微視的な 275
非常に 278
びっくり仰天している 81
必要な 239
人柄 212
ひどく嫌う 83
人気のない 85
一人だ 85
一人ぼっちの 85
避難する 126, 127
非難する 56, 57
批判する 57
肥満体の 210
悲鳴を上げる 74
評価する 54, 55
表現する 19
描写する 20
標準的な 243
標準の 242
ぴょんと跳ぶ 181
開いて広げる 190
平手打ちする 98
拾い上げる 129
披露する 63
広くする 190
広げる 190
広々とした 219

ふ 不安だ 88, 89
不安で落ち着かない 88
風習 155
増える 204, 205
不快な 80
深く切りつける 103
不可欠の 239
服従する 24

含む 241
不潔で不快な 195
不潔な 194
不公平な 195
ふさわしい 263
不思議な 246
負傷させる 172
防ぐ 147
ふだんの 242
普通の 242
ぶつかる 99
ふっくらした 210
太った 210
不明確な 234
増やす 204, 205
粉砕する 112
分配する 187
分離する 186
分類する 187

へ 平穏な 229, 230
平均的な 243
平凡な 242
平和な 229
減らす 207
減る 206
変形する 179
変更する 178
返答する 28
変な 246

ほ 防衛する 148
崩壊させる 114
崩壊する 114
妨害する 147
防御する 149
方策 51
豊富な 269
方法 51
訪問する 108
保護する 148
ほこりっぽい 194
保持している 144
保持する 150
補助する 151
保存する 148
没頭している 93
ほとんど 279
ほとんど（の） 279
ほとんどない 270, 271
骨が折れる 62
ほほえむ 72
誉れ高い 237
本性 212
本当の 235
本物の 235
ぼんやりした 234

ま 前の 198
紛らわしい 234
間違っている 226
まっすぐにする 107
まったく 276, 278

学ぶ 42
まもなく 193
守る 148, 149
まれな 245
満足して 76
満足している 77

み 見える 66
見事な 61
見せる 18
見つける 122, 123
密で固い 221
見つめる 66, 67
認める 58, 119
みなす 38
見張る 149
身振り 168
魅力的な 254
見る 66

む 向いている 263
無音の 230
向きを変える 178
矛盾する 259
むずかしい 62
結び付ける 183
むせび泣く 71
群がる 160

め 明確な 231
明示する 18, 19
瞑想する 39
明白な 232, 233
目を見張るほど魅力的な 255
面積が広い 218

も 申し分ない 263
もう少しで 279
猛烈な 217
目撃する 68
持ち上げる 201
持っている 144
持っておく 144, 150
最も適切な 262
求める 14, 124
ものすごく恐れている 87
燃やす 104
もらう 117
問題 43

や 焼く 104, 105
養う 150
やせこけた 211
やせた 211
厄介な 62
やめる 152
やりがいがある 62

ゆ 唯一の 245
優秀な 60
雄大な 249
優美な 248
有名な 236
愉快な 78
輸送する 136
夢見る 37

許す 23

よ よい 264
養育する 154
要求する 15
用具 134, 135
要約する 21
よく知られている 236
よさがわかる 55
予想する 37
余分な 245
喜んで 76

ら 乱雑な 195

り 理解が追いつく 46
理解する 46
利口な 222
離婚する 158
利発な 222
略述する 21
流行の 253
量が多い 269
利用する 111, 142

る 類似点がある 191

れ 例外的な 247
例証する 21
冷静な 228
連結する 182
連想する 184

ろ 労働 138
浪費する 143
論じる 48, 52
論争する 48
論点 43
論評 49

わ わかる 46, 47, 122
別れる 158
わくわくしている 77
わくわくする 78
分け合う 187
分ける 186, 187
わずかに下がる 203
笑う 72
割（れ）る 186
割る 113
悪い 224
割れる 113

287

著者 佐藤誠司 (さとう せいし)

東京大学文学部英文科卒業。広島県教育委員会事務局、私立中学・高校教諭などを経て、有限会社佐藤教育研究所を主宰。英語学習全般の著作活動を行ない、120冊を超える本を出版。おもな著書は『最速・最効率の英文法』（研究社）、『佐藤誠司の英文法教室』（旺文社）など。

イラスト	加納徳博、ハザマチヒロ、オフィスシバチャン
デザイン・DTP	村口敬太　村口千尋 (Linon)
英文校正	Howard Colefield
編集協力	株式会社メディアビーコン

ビミョウな違いがイラストでわかる！
英単語類義語事典

2020年5月15日発行　第1版

著　者	佐藤誠司
発行者	若松和紀
発行所	**株式会社 西東社**
	〒113-0034　東京都文京区湯島2-3-13
	http://www.seitosha.co.jp/
	営業　03-5800-3120
	編集　03-5800-3121〔お問い合わせ用〕

※本書に記載のない内容のご質問や著者等の連絡先につきましては、お答えできかねます。

ISBN 978-4-7916-2876-6